PROCURATORIAL STUDY

检察研究

江苏省人民检察院◎组织编写　　编委会主任◎刘华

2020年 · 第3辑

法律出版社
LAW PRESS · CHINA

目录 Contents

主题研讨

检察理论

法学专论

检察实务

主题研讨

公序良俗原则与检察公益诉讼发展

汪　莉　杨学飞[*]

摘要：民法所谓公序良俗原则，是指法律行为的内容及目的不得违反公共秩序或善良风俗。由于在整个法律体系中所起到的重要作用和其所发挥的功能，公序良俗构成现代民法的一项非常重要的基本原则，在维护正常社会秩序和美好共同生活中发挥着强大而不可替代的作用，在民法典中得以全面确立。通过大量案件的办理，检察机关已经积累了提起、参与公益诉讼的丰富实践经验。民法公序良俗的确立，将为检察机关进一步开展公益诉讼探索提供法律空间。

关键词：民法典　原则　公序良俗　检察　公益诉讼

《民法典》的制定和公布实施，是我国民事立法领域中具有里程碑意义的事件，必将对我国经济社会的发展和司法活动产生深远的影响。在本次《民法典》的编纂中，一个重大的变化是正式全面确立了公序良俗的基本原则。① 作为民法的一项重要的基本原则，公序良俗原则在本次法典编纂中最终的确立和完善，将会对相应的民事活动、司法实践乃至理论研究，起到积极正向的规范、引导和激励作用。笔者在此结合自身所从事工作，探讨一下民法公序良俗原则的确立与检察公益诉讼工作的探索发展问题。

一、民法公序良俗原则的含义

自人类社会进入近现代以来，社会分工日益发达，民事主体按照社会分工从事经济

---

* 汪莉，江苏省人民检察院副检察长；杨学飞，江苏省人民检察院第七检察部检察官助理。

① 《民法典》第八条规定："民事主体从事民事活动，不得违反法律，不得违背公序良俗。"第十条规定："处理民事纠纷，应当依照法律；法律没有规定的，可以适用习惯，但是不得违背公序良俗。"

活动,而为满足各自的需求,彼此之间就需要进行产品和服务的交换。如同正常和谐的家庭生活需要遵循相应的伦理规则一样,要保证因社会分工而产生的这种交流和合作的顺畅进行,就需要参与经济活动的各类民事主体遵循一定的规则。人们在社会生活中,根据由国家立法、公共道德以及伦理风俗等所组成的规则体系进行民事活动,并最终形成了相应的社会秩序。这种具有公序良俗内涵的法律规范及道德伦理,构成整个社会分工及家庭生活所赖以循环运行的外在环境和条件。因此,由建立在公序良俗基础上的法律规范和伦理规则所组成的相应体系,是整个社会正常运行所不可或缺的重要制度支撑。

民法所谓公序良俗原则,是指法律行为的内容及目的不得违反公共秩序或善良风俗。[①] 由于在整个法律体系中所起到的重要作用和其所发挥的功能,公序良俗构成现代民法的一项非常重要的基本原则。从内容上来说,公序良俗包括公共秩序和善良风俗两个方面:

(一)公共秩序

所谓公序就是指公共秩序,它主要包括社会及生活能够保持良好运行的一种秩序和状态。公共秩序是指“社会之存在及其发展所必要之一般秩序”。[②] 由于每一个人都在现有社会秩序下生存和发展,因此所谓公共秩序,实际上就是社会的公共利益。维护全体社会成员所赖以生活的公共秩序,就是在维护全体社会成员的共同利益。法律保障社会公共利益,也就是在保护每一个公民的自身利益。对于公共秩序的维护,一般在法律上都会有明确的规定,危害社会公共秩序的行为通常也成为国家立法中强制性规范所禁止的对象。立法机关事先订立的具体条款虽不可能将所有具有损害公共利益内容的行为涵盖无余,但有了不得侵害公共秩序的原则条款,凡民事行为危害国家公共安全和秩序,即使现行法律没有具体的规定,司法机关也可以根据民法基本原则宣告其无效。

(二)善良风俗

所谓良俗就是善良风俗,也称为社会公共道德,它是指由社会全体成员所普遍认可、遵循的道德准则。[③] 善良风俗主要包括两个方面:一是为社会所普遍承认的伦理道德,如救死扶伤、助人为乐等;二是某个区域社会所普遍存在的风俗习惯,如中国云南一些地区流行的泼水节风俗。我国民法提倡家庭生活中互相帮助、和睦团结,弘扬拾金不昧的良风美俗,规定因维护他人利益而蒙受损失者有权获得补偿等都是从正面倡导社会公德,而禁止市场活动中的以假乱真,以次充好,以不合格产品冒充合格产品以及其他不正当竞争行为等,则是从反面杜绝违反社会公德的行为。实际上,有不少伦理道德方面的规

---

① 梁慧星:《民法总论》,法律出版社 2007 年版,第 49 页。

② 史尚宽:《民法总论》,中国政法大学出版社 2000 年版,第 334 页。

③ 王利明:《民法总则研究》,中国人民大学出版社 2012 年版,第 134 页。

则已经上升为法律的强行规范,但也还有很多现存或者正在发展中的道德还没有被法律所反映和涵盖,所以需要通过善良风俗这一个条款,尽可能地将其纳入民法的评价体系中来。

由此可见,公序良俗包括社会公共秩序和生活秩序以及社会全体成员所普遍认可和遵循的道德准则,它是社会美好生活的重要基础和有机组成部分,是一个社会正常运转所不可或缺的重要保障。

二、公序良俗原则在我国民事立法中的确立

公序良俗这一概念,早在罗马法时期中就已有相关的内容表述。按照罗马法学家的解释,所谓公序,即国家的安全、人民的根本利益;所谓良俗,即人民的一般道德准则。公序良俗的含义非常广泛,而且随着社会的发展而不断变化。[①] 19 世纪以后的《法国民法典》、《德国民法典》以及《日本民法典》等在完全采纳意思自治原则的同时,也都确认了公序良俗的基本原则。

因受苏俄民事立法和民法理论的影响,在很长一段时间里,新中国相关的民事立法并未使用公共秩序和善良风俗的概念表述,“公序良俗”仅只存于学术讨论中。1986 年制定的《民法通则》第七条规定:“民事活动应当尊重社会公德,不得损害社会公共利益。”根据该法第五十八条,违反法律或者社会公共利益的民事行为无效。1999 年制定的《合同法》第七条规定:“当事人订立、履行合同,应当遵守法律、行政法规,尊重社会公德,不得扰乱社会经济秩序,损害社会公共利益。”2007 年制定的《物权法》第七条同样只是规定:“物权的取得和行使,应当遵守法律,尊重社会公德,不得损害社会公共利益和他人合法权益。”《民法通则》《合同法》《物权法》的相关条款都是从社会道德和社会公共利益方面概括了公序良俗原则的具体内容。依学者通说,上述这些法律规定所谓“社会公共利益”及“社会公德”,在性质和作用上与公序良俗原则相当,“社会公共利益”相当于“公共秩序”,社会公德相当于“善良风俗”。[②] 对此,不少学者主张我国在民事立法中应当借鉴国外民法中关于公序良俗的概念,并将其作为民法的一项基本原则加以规定。[③]

到了 2017 年 3 月全国人民代表大会通过的《民法总则》中终于接纳了“公序良俗”的概念。《民法总则》第八条规定:“民事主体从事民事活动,不得违反法律,不得违背公序良俗。”这次《民法典》的编纂对“公序良俗”的概念予以重申,并对《民法总则》的条文表述完全吸纳,未做任何变动,同时在各编相关条文中全面贯彻或体现了公序良俗原则(详

---

① 周枏:《罗马法原论》(下册),商务印书馆 1994 年版,第 559 页。

② 李双元主编:《比较民法学》,武汉大学出版社 1998 年版,第 67 页;梁慧星主编:《民商法论丛》(第 1 卷),中国政法大学出版社 2000 年版,第 49 页。

③ 梁慧星:《民法总论》,法律出版社 2007 年版,第 50 页;王利明:《民法总则研究》,中国人民大学出版社 2012 年版,第 135 页。

见下文)。至此,公序良俗原则最终以法典的形式巩固下来。

综合来看,应该说采用"公序良俗"的概念更加科学和合理。因为公序良俗的概念相对来说,更为简洁和准确。公序良俗是由公共秩序和善良风俗两方面含义所组成,完全涵盖了社会公共道德和社会公共利益两个方面的内容。从概念表述上来看,"公序良俗"相对于"社会公共利益"和"社会公德"的表述方式,也更为言简意赅,不仅方便言说表达,而且也便于理解。此外,由于大陆法系国家一般都采用善良风俗和公共秩序的概念术语,而我国民事立法也没有必要再另造新的法律术语,否则除了在文化交流中徒添障碍外,也没有其他益处。

三、民法公序良俗原则的功能

在现代市场经济中,公序良俗原则发挥着维护国家利益、社会公共利益及一般道德观念的重要功能。民法号称民事权利的宣言书,而权利又与自由密切地联系在一起。但民事主体在行使自己的权利和自由的时候,还必须承担相应的义务,而其相应概括性的义务就是个人权利(私权)之行使不得违反法律和损害社会公共利益。故《民法典》第一百三十二条特别规定:"民事主体不得滥用民事权利损害国家利益、社会公共利益或者他人合法权益。"

法律作为一种社会契约,其内容既有保护个人私益的规范,也有保护社会公益的条款。当民事主体违反有关保护个人私益的法律规定时,便构成对他人私权的侵害。当违反有关保护社会公益的法律规定时,便构成对社会公共利益的侵害。因此,被称为"人民自由圣经"的《民法典》一方面奉行私权神圣原则,充分保护私权;另一方面又确立了公序良俗原则,禁止权利的滥用,将权利之行使限制在不违反法律和不损害社会公共利益的范围之内,其目的是调和个人利益和社会公共利益的冲突,以维护社会的正常运行和秩序。

我国《民法典》确立公序良俗的基本原则,其意义在于:

(一)对意思自治进行必要的限制

公序良俗的概念是对意思自治的一种限制。以公序良俗限制意思自治的范围,是罗马法以来公认的原则。在我国,尽管为了适应发展市场经济的需要,应当扩大民事主体的意思自治范围,允许其在民事活动领域依法享有广泛的自由,然而,意思自治原则必须要依赖公序良俗原则予以配套。民事主体依法享有意思自治,但其中所包含的前提是必须在不违反公序良俗的条件下实现意思自治。因为完全没有边界和限制的个人权利和自由,对其他人来说就是一种侵害和灾难,故法律有必要设立公序良俗这样的原则,以对意思自治进行必要的限制。民法对意思自治的限制,除了表现为在具体条文上引入强行性的法律规范外,还有就是在法律总则上确立公序良俗的基本原则,来对民事行为进行总括性的规范。

（二）弘扬社会公共道德，建立稳定的社会秩序

公序良俗就是要强调民事主体进行民事活动时必须遵循社会所普遍认同的道德，从而使社会有序发展。公序良俗之所以成为民法的基本原则，因为这直接涉及民法与道德之间的互动关系问题。随着社会生活的发展，人们的价值观念也会发生变化。因此，立法者可以借助善良风俗的一般条款来反映不断变化了的价值观，以便能动地吸纳其合理成分。故在立法中引入公序良俗概念，以动态地体现和反映社会主流的伦理观念。这是“将道德伦理摄入于法的境界里，而对于其违反行为从法的领域驱逐”①。除了将公序良俗确立为基本原则，立法还将一些重要而又相对稳定成熟的道德观念直接上升为法律规范，以便更有效地弘扬道德风尚，防止违反社会公德行为的发生。如以危害人体健康、违背伦理道德、损害公共利益的方式从事与人体基因、人体胚胎等有关的医学和科研活动，侵害英雄烈士等的姓名、肖像、名誉、荣誉等的行为，均为法律所明确禁止，因为倘若允许这样的自由和自治，无疑将严重危害社会秩序。

（三）协调个人利益与社会公共利益、国家利益之间的冲突，维护正常的社会经济和生活秩序

“公序良俗的调整机能由确保社会正义和伦理秩序向调节当事人之间的利益关系、确保市场交易的公正性转变，从而使法院不仅从行为本身，而且结合行为的有关情势综合判断其是否具有反公序良俗性。”②公序良俗原则对利益冲突的协调表现在：一方面，如果民事主体因为追求利益的最大化所从事的行为和社会公共利益发生冲突和矛盾，不管是否存在对强行法的违反，应当优先维护社会公共利益；另一方面，一些法律、法规所确定的强行法规则可能过于僵化，缺乏弹性，或者在适用中具有明显的不合理性，此时，法官就应当考虑援用公序良俗原则解决个人利益与社会公共利益的冲突。

（四）弥补强行法规定的不足

公序良俗作为一个弹性条款，之所以要确立为民法的基本原则，其根本原因在于强行法不能穷尽多彩生活的全部，其立法设计不能将各种民事活动都涵盖其中。由于民事活动纷繁复杂，强行法不可能对其一一作出规定，但是法律为了实现对秩序的控制，需要对民事活动进行规范，而这种规范不仅要靠强行法来完成，还需要通过法律上设立抽象的弹性条款，对民事行为提供更为全面地规范，并对其效力作出评价。在民法中引入公序良俗原则，可以避免法律的僵化，将法外秩序规定和法外规范融入法律秩序内部，使之成为沟通道德与法律的桥梁，保持法律秩序应对社会生活的能力。公序良俗作为民法的基本原则，是抽象的弹性条款。遇有损害国家利益、社会公益和社会道德秩序的行为，而又缺乏相应的禁止性法律规定时，司法机关可直接适用公序良俗原则来认定相关行为

① 刘得宽：《民法总则》，台北，五南图书出版公司 1996 年版，第 420 页。

② 李双元、温世扬主编：《比较民法学》，武汉大学出版社 1998 年版，第 70 页。

无效。

由此可见,公诉良俗原则在维护正常社会秩序和美好共同生活中发挥着强大而不可替代的作用。

四、检察机关应为维护公序良俗贡献智慧和力量

《民法典》总则编除了在第八条对公序良俗以基本原则作出规定外,还在第一百三十二条、第一百四十三条从正反两方面规定了公序良俗原则的法律效果,一方面规定民事主体不得滥用民事权利损害国家利益、社会公共利益或者他人合法权益,另一方面又规定违背公序良俗的民事法律行为无效。这些基本原则和一般性规则,统领《民法典》各编,对于物权、合同、人格权、婚姻家庭、继承、侵权责任等分编的民事行为来说具有普遍性的法律效力。此外,对公序良俗最容易受到破坏的侵权领域,《民法典》特别作了更多的具体规定,如网络侵权责任(第一千一百九十四条至第一千一百九十七条)、产品责任(第一千二百零二条至第一千二百零七条)、污染环境和生态破坏责任(第一千二百二十九条至第一千二百三十五条)。此外,在第一百八十五条及第一千零三十八条还有保护英烈及个人信息的条款。《民法典》的这些内容与《环境保护法》、《消费者权益保护法》、《英雄烈士保护法》以及《民事诉讼法》有关公益诉讼的规定相结合,构成我国公益诉讼制度的重要内容。

人民检察院作为法律监督机关和公共利益的代表,由其通过公益诉讼来维护公序良俗,就成为我国法律制度设计时的当然选择。2017 年 6 月,在经过两年的试点探索以后,我国正式通过修改法律构建起具有中国特色的检察公益诉讼制度。由检察机关提起公益诉讼之所以成为众望所归,是因为检察机关在公益诉讼(保护)方面相比其他主体有着较为明显的优势和有利条件。检察公益诉讼通过保护社会公共利益来维护公序良俗,而要维护好公序良俗也需要检察机关这样一支专业力量。

(一)检察公益诉讼凸显检察机关国家利益和社会公共利益代表者、维护者和实现者的职能定位

我国《宪法》第一百二十九条规定:“中华人民共和国人民检察院是国家的法律监督机关。”从《宪法》定位来看,检察机关作为国家的法律监督机关,负有监督法律统一正确实施的职责。自我国检察制度产生以来,检察机关就以国家利益和社会公共利益代表的身份出现。当国家和社会公共利益受到侵害,在其他社会主体不愿、不敢起诉,或者无人、无法起诉时,检察机关作为国家和社会公益的代表提起诉讼为理所当然。如江苏常州和淮安两地检察机关分别办理的全国首例环境污染和英烈保护公益诉讼案,就是在国家和社会公共利益受到侵害,而其他社会主体不愿、不能起诉的情况下,由检察机关提起了公益诉讼。检察机关办理此类案件所追求的价值和达致的目标也正是为了维护以社会公共利益为重要内容的公序良俗,而这些由检察机关成功办理的公益诉讼案件也都取

得了良好的社会效果。

（二）维护公序良俗需要检察公益诉讼的专业力量

检察机关在收集证据的能力、担负诉讼成本的能力和进行诉讼所需的专业素养等方面有着突出的优势。根据我国的国家体制，检察机关在性质上属于司法机关，在具体工作中主要担负有职务犯罪侦查、刑事控诉及诉讼监督等职能，在部门人员构成上配备了较多的法律专门人才，在工作上熟悉对各种法律事实的调查核实程序，对于证据的发现、提取、固定、收集等具有相对的专业优势，有着熟悉各类诉讼程序的人员，在参与公益诉讼的专业能力和素养方面有着比社会组织、公民个人乃至其他行政机关都无法比拟的优势。而公益诉讼作为一种新型的诉讼种类，往往具有取证难、成本贵、耗时长、风险高、激励不足等特点。种种挑战对于一般主体来说，往往使他们望而却步，即使勉强提起，在审理过程中能否顺利完成出庭、举证等各种诉讼任务也具有很大的不确定性。对此，检察机关作为法律监督机关，正可以发挥自己的专业优势，来担负起这一挑战性较强的任务，完成对其他主体来说较难达成的任务。

五、民法公序良俗原则为检察公益诉讼探索提供法律空间

通过大量案件的办理，检察机关已经积累了提起、参与公益诉讼丰富的实践经验。自从检察公益诉讼试点工作开展以来，全国各地的检察机关通过刑事附带民事诉讼、直接提起民事公益诉讼、支持起诉、检察保护等各种方式，在生态环境保护、国有财产保护、消费者权益保护等社会公益保护方面做了大量的探索和实践。在2019年全国检察机关生态环境和资源保护、消费者权益保护等领域办理民事公益诉讼7125件，[①]比其他所有被赋予公益诉讼起诉资格的主体所办理的案件都要多得多。可以说，在提起、参与公益诉讼方面，检察机关已经积累了非常丰富的实践经验。

民法公序良俗的确立，将为检察机关进一步开展公益诉讼探索提供法律空间。十九届四中全会明确提出拓展公益诉讼案件范围，实际上近年来检察机关在办好法律明确授权领域的案件的基础上，一直在尝试探索办理问题突出的其他领域的侵害公益案件，如公民个人信息保护、妇女儿童权益保护、网络侵权等领域，各地检察机关已经成功办理了不少案件，取得良好的社会效果。而公序良俗原则在《民法典》中的确立，也进一步为检察机关积极审慎探索法律明确赋权领域之外人民群众反映强烈的公益损害问题提供了广阔的空间和可能。

正是由于有着相对其他主体来说显而易见的优势，由检察机关提起、参与公益诉讼一直以来在社会上都有着较高的呼声和期待，检察机关在以公益诉讼来维护公序良俗方

---

① 《最高人民检察院工作报告》，载新华网：http://www.xinhuanet.com/legal/2020-06/01/c_1126059455.htm，最后访问日期：2020年7月23日。

面也确实取得了不俗的成绩和良好的效果。《民法典》的编纂和实施,又为检察机关开展公益诉讼工作提供了更为坚实的法律基础,检察公益诉讼制度一定会在不断的探索和实践中日益完善。

《民法典》物权编主要修改内容解读

姚广建*

摘要:《民法典》物权编是在《物权法》基础上编纂而成,总体变化不大。除了增加绿色原则和应对疫情等应急措施外,大的调整在放宽了农村集体土地经营权范围、设立了居住权这一新型用益物权、优化了担保物权制度。其中,担保物权扩大了抵押物的范围、改变了抵押物转让规定、明确了各类担保物权的受偿顺序,并为建立统一的担保物权登记制度预留了空间。此外,在业主的建筑物区分所有权行使、按份共有人优先购买权保障、因加工附合混合而产生的物的归属等方面也作了修改和增补。需要指出的是,物权编内容与《民法典》其他部分密切相关,对该编的学习应有体系化思维。

关键词:三权分置　居住权　担保物权　体系化思维

2020年5月28日,《中华人民共和国民法典》(本文以下简称《民法典》)在第十三届全国人民代表大会第三次会议上获得通过。从2021年1月1日起,这部"社会生活的百科全书",将是人民法院审理民事案件的法律依据,也是检察机关履行民事法律监督职责的依据。深入学习和深刻理解《民法典》,应该成为法律人近期的一项重要工作任务。物权编作为《民法典》的一个重要组成部分,当然也离不开对它的学习。

人的生存和社会的发展,都离不开物。在对物占有和利用的过程中难免会发生纠纷,处理这些纠纷就需要有《物权法》。没有《物权法》,就无法"明确物的归属、发挥物的效用"。物权与债权一起,构成了民法上财产权制度的两大基石。[①] 同时,《物权法》作为调整物的归属和利用的基本法,其内容与国家利益和集体利益的关系最为密切,物权编也因此成为《民法典》中最能体现中国特色社会主义经济制度的部分。物权编第一章"一般规定"第二百零六条开宗明义:"国家坚持和完善公有制为主体、多种所有制经济共同

---

* 姚广建,江苏省人民检察院第六检察部三级高级检察官。

① 《民法典》只有物权编没有债权编,代之以合同编,为此在编纂过程中有过不少争议。

发展,按劳分配为主体、多种分配方式并存,社会主义市场经济体制等社会主义基本经济制度”,这是对党的十九届四中全会精神的贯彻。

因其重要性,物权编成为《民法典》分编的第一编。篇幅上计 20 章,258 条,占《民法典》条文约五分之一,仅次于合同编的 526 条。

一、物权编对《物权法》的主要调整

编纂《民法典》不是重新立法,其中总则的编纂以《民法通则》为依据,各分则都有比较成熟的部门法为依据。物权编也是如此,其依据是 2007 年制定的《物权法》。了解物权编有哪些调整变化,需要对照《物权法》。结构上,除了增加了第十四章“居住权”,没有任何改动;体量上,从《物权法》的 247 条到《民法典》的 258 条,增加了 11 条;内容上,基本保留了《物权法》的主要部分。因此,相较于合同编,物权编总体上变动不大。调整当然还是有的,主要体现在以下几方面:

(一)体现绿色环保原则

为贯彻党中央新时代生态文明思想,《民法典》将绿色原则确定为其基本原则。如总则编第九条规定:“民事主体从事民事活动,应当有利于节约资源、保护生态环境”,这一原则当然适用于物权编。另外,第二百八十六条在“业主责任”中也规定:“业主相关行为应当符合节约资源、保护生态环境的要求。”

(二)适应疫情防控等应急需要

新冠疫情发生以后,根据中央部署,全国人民代表大会常委会对《民法典》草案作了针对性的修改完善。物权编中第二百四十五条规定:“因抢险救灾、疫情防控等紧急需要”,国家依法定权限和程序“可以征用组织、个人的动产和不动产”。第二百八十五条第二款规定:“物业服务企业或者其他管理人应当执行政府依法实施的应急处置措施和其他管理措施,积极配合开展相关工作。”第二百八十六条第一款规定:“对于物业服务企业或者其他管理人执行政府依法实施的应急处置措施和其他管理措施,业主应当依法予以配合。”第三款规定:“业主或者其他行为人拒不履行相关义务的,有关当事人可以向有关行政主管部门报告或者投诉,有关行政主管部门应当依法处理。”

(三)落实农村集体土地“三权分置”改革的要求

作为一个农民人口占多数的大国,农村集体土地制度在我国意义重大。改革开放以来,土地承包经营权也一直在变化发展之中,对土地承包经营权的调整也是本次编纂物权编的一个重点,主要表现就是落实“三权分置”改革要求。

三权,指集体土地所有权、土地承包经营权、土地经营权。“三权分置”,指所有权、承包权、经营权的分置,主要内容为保持农村土地集体所有,稳定土地承包关系,放活土地经营权。集体土地所有权,为本集体成员集体所有;土地承包经营权,由农户享有;在基于集体成员身份的土地承包经营权之上,可以形成市场化的土地经营权,该土地经营权可以用于投资、入股、出租等，获得收益（第三百三十九条至第三百四十二条）。将这些内容纳入物权编，是对十八大以来土地制度改革成果的总结，也有利于将我国集体所有制改革向纵深推进。与之配套，在第三百九十九条，也将“耕地不得抵押”予以删除。当然，农村集体土地经营权的行使也受到一定的限制，如第四百一十八条规定“未经法定程序，不得改变土地所有权的性质和土地用途”。

（四）设立居住权

居住权2007年入《物权法》未果，本次物权编终于设立了这项极具中国特色的用益物权。设立的理由是什么？首先，适应公租房制度的发展。我国目前仍存在大量无自有房屋人口，需要租房居住。建立公租房制度，是实现国家“户有所居”住房政策的主要方法。将居住权物权化，有利于实现居住人居住利益的长期化稳定化。其次，满足特殊人群的居住需要。如“以房养老”，转让自有房屋所有权获得养老费用，同时在该房屋上设立居住权保障终身居住；如老人去世后，通过遗嘱对特殊同居者生活居住提供保障；如离异无房配偶，在房屋分割给一方后可以通过设立居住权来保障另一方的居住等。总之，物权编居住权的设立具有一定的前瞻性，对建立我国多途径住房供给体系，将有很大帮助。

（五）对担保物权的优化

相比《物权法》，物权编变化最大的部分就是“担保物权”。担保的重要性不言而喻，《民法典》编纂过程中甚至有人建议设立单独的担保编。“担保物权”的目的是实现物的交换功能，生活中物权较为普遍的运用就是用于担保，司法实践中物权纠纷产生最多的也是担保。基于此，物权编作了不少调整，主要体现在可用于抵押的财产范围、抵押物的转让、担保物权的受偿顺序等方面（详见后文）。

另外，为配合《民法典》的整体统一，把全编中所有的“单位”都改成了“组织”，将所有的“月”都改成了“三十日”。

二、物权编新增或修改的主要内容

《民法典》是一个整体，编纂《民法典》的一个主要目的是实现民事规范的体系化。物权编并非孤立存在，物权的行使，会与特定主体发生民事关系；物权的变动，多数通过订立合同实现，这就涉及合同编（该编为业主的建筑物区分所有权及应收账款的质权，还专门增加规定了两种典型合同：物业服务合同和保理合同）；部分物权变更由婚姻和继承引起，这就涉及婚姻家庭编和继承编；物权的保护，除了恢复物权的圆满状态还需要侵权人承担赔偿责任，这就涉及侵权责任编。因此，对物权编的学习，要有体系化思维，需要结合《民法典》其他内容。

物权编共五个分编：通则、所有权、用益物权、担保物权、占有。20章，计258条，无法一一展开，以下解读与《物权法》相比新增或者有变动的部分。

第一分编:通则

(一)关于一般规定

一般规定仅四条,重点强调了平等保护原则,因为关于物权的分类、物权法定原则和物的征收补偿原则等内容,已规定在了总则编第五章“民事权利”部分。物权法基本原则包括:

1. 物权法定原则。《民法典》总则第一百一十六条规定:“物权的种类和内容,由法律规定。”因为物权的效力较强且效力范围涉及所有人,将什么样的与物有关的权利设定为物权,需要考虑该权利的重要性与交易成本之间的平衡,故不能允许当事人自由创设物权。但“物权法定原则”是否可以适当与时俱进? 能否适当兼顾当事人的意思自治? 物权编对此有所突破。物权编中,在孳息的收取、居住权房屋的出租、地役权的单独抵押、从物随主物流转、抵押物的转让等方面,大量出现了“当事人另有约定的除外”。表明物权编在保持物权种类法定的前提下,对相关物权的具体内容采取了相对灵活的态度。

2. 一物一权原则。一方面,物权是排他的,所以同一物上不能有相互排斥的权利存在,如一套房屋上不能存在两个所有权。但法律规定同一物上可以设定两个以上的抵押权,只要抵押物的价值超过其担保的债权,且清偿顺序恒定,故抵押权之间不具排斥性。另一方面,物权的设置不能破坏物的完整性、影响物的利用,如一套房屋的厨房和卫生间等也不能归不同的人所有。当然,一物不能二权,但一权可以二有。如夫妻共有、合伙共有。

3. 公示公信原则。也可以分成公示和公信两个原则。物权是对世权,故应当向社会公开,防止侵权的发生。不动产的公示形式是登记,动产的公示形式一般为占有。另外,当事人基于公示而产生的合理信赖,法律应当保护,否则公示就失去意义。这一原则最集中的体现就是“善意取得制度”(第三百一十一条)。虽属无权处分,但相对人基于处分人对该物公示状态的信赖而受让该物,主观上无过错,客观上交易价格公平。在这种情况下,真实所有权人不能要求返还。

(二)关于不动产登记

第二百零九条第一款规定:“不动产物权的设立、变更、转让和消灭,经依法登记,发生效力;未经登记,不发生效力,但是法律另有规定的除外。”这里的“法律另有规定”,包括两种情形:一是“可以不登记的”。如该条第二款规定“依法属于国家所有的自然资源,所有权可以不登记”。二是“不以登记为设立条件的”。部分不动产物权,法律规定合同生效时即设立。如土地承包经营权(第三百三十三条)、地役权自地役权(第三百七十四条)、动产抵押权(第四百零三条)、流转取得的土地经营权(第三百四十一条)等。

虽然都不登记,但二者法律后果是不一样的。前者,不登记也有登记的法律效果。后者,不登记“不得对抗善意第三人”。

（三）关于不动产登记簿

第一，物权设立的时间是“记载于不动产登记簿时”而非取得不动产可能性证书时（第二百一十四条）。第二，产权证与登记簿记载不一致的，“以不动产登记簿为准”（第二百一十七条）。第三，规定两种保全登记方式：“异议登记”和“预告登记”，但异议人或预约人必须及时行使权利，否则保全登记失效，不发生物权登记效力（第二百二十条和第二百二十一条）。第四，物权登记在性质上非行政许可而是行政确认，以形式审查为主，难免错误，但错误原因主要在当事人提供的材料，故登记错误责任原则上由当事人承担（第二百二十二条）。第五，第二百一十九条是新增条款：“利害关系人不得公开、非法使用权利人的不动产登记资料”。人格权编第一百零三十二条规定，自然人享有的隐私权不受侵害。基于利害关系有权获取他人不动产登记资料，但“公开、非法使用”则超出了必要的范围，则涉嫌侵权。

（四）关于动产交付

三种特殊动产：船舶、航空器和机动车物权，“未经登记，不得对抗善意第三人”（第二百二十五条）。因债权是相对权，物权是对世权，故《民法典》中，合同关系上一般使用“善意相对人”，物权关系一般使用“善意第三人”。三种特殊交付：简易交付（第二百二十六条），权利人在物权设立前已占有该物；指示交付（第二百二十七条），通知第三人交付；占有改定（第二百二十八条），出让人继续占有该动产。

（五）关于其他规定

能够引起物权变化的除前面规定的法律行为，还有法律事实。如裁判、仲裁决定、征收决定、继承、建造和拆除房屋。总体上物权效力从决定生效时、继承发生时、建造拆除行为成就时发生效力。因为不动产登记往往滞后于物权真实变动，为避免出现权利真空，需要予以明确。其中第二百三十条对《物权法》第二十九条作了修改，只规定了遗嘱而删除了遗赠。因为二者性质不同，遗嘱是单方行为，而遗赠需要受遗赠人明确作出是否接受遗赠的意思表示（婚姻家庭编第一千一百二十四条），属于双方行为，相关遗产并不必然属于受遗赠人。本节主要涉及不动产，对于一些以事实行为取得的动产，如拾得遗失物、漂流物、埋藏物、隐藏物等，规定在第九章“所有权取得的特殊规定”中。

（六）关于物权的保护

没有保护就没有权利。法律设定物权，就是为了强化对物上特定权利的保护，这种特别保护的方法就叫“物权请求权”，也叫“物上请求权”。

1. 物权请求权。指当物权的圆满状态受到妨害或存在危险时，要求妨害人为或不为一定的行为，以实现物权恢复圆满状态目的的一种请求权。关于物权请求权的特点，需要与债权请求权相比：(1)物权请求权具有优先效力和追及效力。如多个债权人请求同一债务人履行债务，其中一债权人的债务享有抵押权，则无论债务人实际财产还有多少，该债权人得优先受偿。此为物权的优先效力。案例：某公司向银行贷款并以其一栋楼抵押担保。到期不能偿还,法院判决银行对该楼行使抵押权。不知何故,判决后当地房管局称这栋楼登记错误,把所有权变更登记到另一家公司的名下。于是前一家公司称其抵押物已消灭,不能执行。后一家公司称自己未设定抵押,提出执行异议。最终法院裁定:继续执行。因为物权有追及效力,只要这栋楼还在,无论所有权如何流转,抵押权都能追及物之所在。此为物权的追及效力。(2)物权请求权不适用诉讼时效。总则编第一百九十六条规定:“下列请求权不适用诉讼时效的规定:(一)请求停止侵害、排除妨碍、消除危险;(二)不动产物权和登记的动产物权的权利人请求返还财产。”

2. 债权请求权。当物权请求权不足以维护物权人利益时,可单独或者一并借助债权请求权(第二百三十九条)。故本章在第二百三十五条返还之诉、第二百三十六条排除妨害和消除危险之诉外,还规定了第二百三十七条和第二百三十八条“债权请求权”,即要求侵权人根据违约或者过错承担合同责任或者侵权责任。当然,债权请求权需要适用诉讼时效。

第二分编:所有权

孟子说“有恒产者有恒心”。在一定程度上,财产权是其他权利的保障。充分保护所有权,国家才能长治久安、持续发展。所有权,指权利人对自己的物享有占有、使用、收益、处分四项权能,其中处分权包括对自己所有的物设定用益物权和担保物权。所有权是物权的核心,是最完整的物权,也是其他物权的基础。

(一)关于国家所有权和集体所有权、私人所有权

增设了国家专属所有权。《民法典》第二百四十二条规定:“法律规定专属于国家所有的不动产和动产,任何组织或者个人不能取得所有权”,体现了“中国坚持公有制为主体的社会主义基本经济制度”理念。国家专属的所有权具体对象,规定于第二百四十七条至第二百五十四条,包括“矿藏、水流、森林、山岭、草原、荒地、滩涂、城市的土地、无居民海岛、国防资产”等。

(二)关于业主的建筑物区分所有权

针对近年来群众反映业主大会成立难、公共维修基金使用难等问题,本章作了较大调整,也是《民法典》对社会治理功能的体现。1. 解决业主大会、业委会开会难。规定地方政府、居委会要对业主大会和业委会成立给予指导和协助(第二百七十七条)。降低了业主共同决定事项表决门槛(第二百七十八条)。2. 解决维修基金使用难。将使用维修基金从重大决定事项调整为一般决定事项(第二百七十八条第一款);降低了决定这一事项的同意门槛(第二百七十八条第二款);增设了“紧急情况下需要维修建筑物及其附属设施”的程序(第二百八十一条第二款);将“维修资金的筹集、使用情况”从“应当公布”修改为“应当定期公布”(第二百八十一条第一款)。3. 增加了“将住宅改变为经营性用户”的难度(第二百七十九条)。原来是“应当经有利害关系的业主同意”,现强调“应当

经有利害关系的业主一致同意”,范围应该就是整栋楼的全体业主了。4. 新增第二百八十二条,明确“利用共有部分产生的收入,属于业主共有”。物业公司只是受业主委托从事小区管理,无权取得小区财产本身的收益,只可以“扣除合理成本”。

(三)关于共有

共有的主要问题是共有财产的分割。

案例:兄妹二人各出资一半通过拍卖取得一套四间门面房屋。哥哥将其中一间出租收益 30,000 元,后妹妹起诉要求给付租金的一半 15,000 元。法院认为,二人共同共有,收益共享,判决支持。某市检察院认为判决适用法律错误提请上级检察院抗诉,理由:首先,《物权法》第一百零三条(物权编第三百零八条)规定“共有人对共有物没有约定共同共有或者按份共有的,视为按份共有”,故本案兄妹二人是按份共有,哥哥对其中两间房屋享有所有权。其次,哥哥出租其中一间属于对自己房屋所有权的行使,故不应当向妹妹支付一半的租金。我们认为,第三百零八条并不适用于本案,因为区分共有财产还是非共有财产,分割才是其界线。本案房屋无论是共同共有还是按份共有,并未分割,该四间房屋作为一个整体仍然是共有财产,兄妹二人共同享有所有权,包括收益权即租金。故本案判决正确,不能抗诉。

什么情况下可以请求分割?第三百零三条规定,1. 有约定的,按照约定(共有人有重大理由需要分割的除外)。2. 无约定(或约定不明)的:(1)按份共有,随时可以请求分割;(2)共同共有,共有的基础丧失或者有重大理由。什么叫“共同共有人共有的基础丧失”?如离婚,应当分割夫妻共同财产。什么叫“共同共有人有重大理由”?如婚姻家庭编第一千零六十六条规定:“婚姻关系存续期间,有下列情形之一的,夫妻一方可以向人民法院请求分割共同财产:(一)一方有隐藏、转移、变卖、毁损、挥霍夫妻共同财产或者伪造夫妻共同债务等严重损害夫妻共同财产利益的行为;(二)一方负有法定扶养义务的人患重大疾病需要治疗,另一方不同意支付相关医疗费用”。在这种情况下,即使不解除夫妻关系,也可以分割共同财产。

共有财产如何分割?第三百零四条规定,1. 协商。2. 协商不成:(1)可以分割的,实物分割;(2)难以分割的,分割折价、拍卖、变卖款。

另外,对按份共有人优先购买权的行使,物权编予以了细化。第三百零六条规定,1. 出卖人有“通知”义务,买受人“合理期限内行使”。基本上等同于承租人对于所租房屋的优先购买权。2. 两人以上主张行使优先购买权的:(1)协商;(2)协商不成,按原份额行使。也基本上等同于《公司法》中有限责任公司股权的转让时,其他股东的优先购买权。相应地,如果侵害按份共有人的优先购买权,可以适用合同编第七百二十八条关于侵害承租人优先购买权相同的责任。

(四)关于所有权取得的特别规定

物权编的变化主要体现在以下两部分:

拾得遗失物应当返还(第三百一十四条),但特殊情况下可以取得赏金。依据:一是第三百一十七条第二款规定“权利人悬赏寻找遗失物的,领取遗失物时应当按照承诺履行义务”。二是合同编第四百九十九条(单方合同)规定“悬赏人以公开方式声明对完成特定行为的人支付报酬的,完成该行为的人可以请求其支付”。

新增“因加工、附合、混合而产生的物的归属”。加工、附合、混合,统称为添附。因添附而形成的物,难以恢复原状或者恢复原状影响物的效用,故应当归其中一人所有,对方可依不当得利获得一定补偿。《物权法》原来对此未作规定,属于缺漏。后在 2009 年最高人民法院颁布的《关于审理城镇房屋租赁合同纠纷案件具体应用法律若干问题的解释》中,对于租赁房屋的装饰即附合物的归属作了部分规定,本次物权编补得有理。

确定归属的方法,第三百二十二条规定,1. 按约定。2. 无约定(或约定不明),按法律。3. 无法律,按充分发挥物的效用和保护无过错方原则确定。司法实践中,加工产生的物,一般归于原物主;附合,如果是动产和不动产的附合,一般归不动产物主;如果是两个动产,根据原物与附合物的主从关系来确定;而混合,一般适用附合规则,依据物的主从关系来定。

检答网上有一个提问案例:甲未经同意在乙的自留地上种植了一棵香樟树。15 年后,双方为香樟树的权属发生争执,应当如何确定该树的所有权?本案属于动产(树)与不动产(土地)的附合,双方对归属无约定,归属无约定,亦无法律规定,应当“按照充分发挥物的效用以及保护无过错当事人的原则确定”。这一标准比较灵活,需要具体案件具体分析。从物的效用角度,迁树成本过大且不利于树的生长,保留在原地是最佳选择;从过错角度,未经同意在别人土地上种树,过错相对要大。因此,最合理的判决应当是树归甲所有,但甲对他人在自己自留地上种树多年置之不管亦有过错,可适当对乙补偿。

第三分编:用益物权

用益即使用和收益,用益物权即对他人的物使用和收益的权利。保护用益物权,就是要达到物尽其用、物畅其流的目的,促进社会发展。该编分别规定了土地承包经营权、建设用地使用权、宅基地使用权、居住权和地役权。但有些问题如集体所有的土地作为建设用地的、宅基地使用权的继承、房屋转让对宅基地使用权的影响等普遍关注问题,没有作出明确规定,含糊表述为“适用土地管理的法律和国家的有关规定”。

(一)关于一般规定

新增了一个“海域使用权”(第三百二十八条)。不能认为《民法典》法定的用益物权只有上述五个,第三百二十八条、第三百二十九条还有“海域使用权”“探矿权”“采矿权”“取水权”“水域海滩养殖捕捞权”等。只是因为有些用益物权实践中出现得不多,不需要专章规定。

(二)关于建设用地使用权

建设用地使用权的唯一变化,是在《物权法》第一百四十九条第一款规定“住宅建设用地使用权期间届满后,自动续期”后面,《民法典》第三百五十九条增加了一句:“续期费用的缴纳或者减免,依照法律、行政法规的规定办理。”是否确会收费,仍然不确定。

(三)关于居住权

居住权是新设物权,且是物权编唯一设立在建筑物之上的用益物权(其他用益物权针对的都是土地)。取得依据:通过合同约定(包括遗嘱)。物权设立:必须登记。用益目的:只为满足生活居住需要而占有、使用。期限:约定期限届满或居住人死亡。特点:1.原则上无偿。2.不能转让、继承、出租(有约定除外)。因此,2021年1月1日后,购买二手房时,除了查房屋所有权、是否存在抵押权,还得查一下该房屋有无设立居住权。否则,你对该房屋有产权却不能居住,可能连房租都收不到。

居住权,其实就是将租赁合同关系中只用于满足生活居住需要的承租权抽离出来,升格为物权。承租权有合同编相关法规予以保护,第七百二十五条还专门规定了“买卖不破租赁”,专门设置成居住权这么一个用益物权有什么优势?1.可以无偿;2.可以终身(第七百零五条规定租赁合同超过20年的部分无效);3.房屋所有权人可以为自己设立居住权(同时实现房屋的交换价值和使用价值,租赁合同做不到。如果通过先出让再承租的方式分步实施,有一定风险);4.减少第三人主张权利的可能(登记了居住权的房屋较难流转);5.受到侵害时能得到优先保护(租赁合同中,所有权人另行出租的,根据合同编第五百八十条原合同不适合强制履行,承租人只能获得赔偿。而居住权可以优先于其他债权予以保护)。

第四分编:担保物权

担保物权,即权利人在债务人不履行债务或者发生当事人约定的情形时,享有就担保财产优先受偿的权利。担保物权是物权编中最重要、最复杂,也是变动最大的一部分。严格来讲,合同编中融资租赁、保理、所有权保留等,其实都属于物的担保范围。

担保物权,根据法律性质可分为:约定的担保物权(抵押权、质权)、法定的担保物权(留置权)。根据担保物的状态可分为:抵押权(不转移占有)、质权(转移占有)、留置权(转移占有)。根据担保物的性质,可分为:不动产担保(抵押权)、动产担保(质权、留置权和部分抵押权)、权利担保(质押)。其实,司法实践中碰到较多的还有一种优先受偿权,即“实际施工人的工程款优先受偿权”。作为优先受偿权从性质上应当属于物权,却规定在合同编中。它非基于登记也非基于合意,与抵押权不同,它针对的是不动产,也不一定实际占有不符合留置权,十分特殊。遗憾的是物权编对此没有涉及。

担保物权分编的主要变动:

（一）增加了抵押物的范围

抵押权是使用最多的一种担保物权，对抵押物范围限制越少，越能充分发挥物的效用，活跃社会交易。具体表现：删除了耕地不能用于抵押的规定（第三百九十九条），增加了“海域使用权”（第三百九十五条）。

（二）完全改变了抵押物转让规定（第四百零六条）

1. 转让无须抵押权人同意。《物权法》第一百九十一条规定，未经抵押权人同意不得转让。《民法典》第四百零六条规定只要及时通知抵押权人。

2. 转让款的处分。《物权法》第一百九十一条规定，转让款应当提前清偿债务或者提存。《民法典》第四百零六条规定只有在抵押权人能够证明“转让可能损害抵押权的”，才能要求将转让款提前清偿债务或者提存。这一修改，在保障了抵押权人的利益的同时，鼓励物尽其用。首先，设立抵押权，目的只是为债务提供担保，原则上不应当限制所有权人对物的处分权。其次，赋予抵押权人在能够证明的情况下以转让款提前清偿或提存的请求权，已能够防止抵押权人利益受损。

（三）明确担保物权的受偿顺序

同种物权担保之间（第四百一十四条第一款）。对于抵押权：首先，登记的，按登记时间先后清偿；其次，登记的先于未登记的清偿；最后，均未登记的，按债权比例清偿。另外，该条第二款规定：“其他可以登记的担保物权，清偿顺序参照适用前款规定”。

异种物权担保之间。首先，抵押权与质权同等。新增的第四百一十五条规定，同一财产抵押又出质的，“按照登记、交付的时间先后确定清偿顺序”。完全改变了《最高人民法院关于适用〈中华人民共和国担保法〉若干问题的解释》第七十九条规定“抵押权人优先于质权人受偿”的规定。其次，留置权优先于抵押权和质权（第四百五十五条）。

（四）为建立统一的物权担保登记制度预留了空间

权利质权的设立分两种：1. 以票据和债券、存款单、仓单、提单出质且有权利凭证的，自权利凭证交付时设立（第四百四十一条）。因为权利凭证，见票即付，占有了权利凭证即占有了质物。2. 上述单证无权利凭证的，以及以基金、股权、知识产权、应收账款出质的，自登记时设立（第四百四十三条、第四百四十四条、第四百四十五条）。因为这些权利，质权人无法直接占有，须以登记来公示。因此有大量的质权需要登记，《物权法》规定，不同的出质权利需要到不同的主管机关进行登记。实践中比较麻烦，如果找不到相应的登记机关或者不能顺利完成登记，质权就无法设立，就不能享受优先受偿权。物权编删除了《物权法》权利质押必须到相应的机关进行登记的规定，为此后建立统一的物权担保登记制度预留了空间。

（五）增设了一项特殊的动产抵押担保形式（第四百一十六条）

这项特殊的动产抵押担保形式来源于英美法的价金担保权（PMSI）。其特点为：一是该动产担保的主债权就是其自身的价款，相当于自己为自己担保；二是标的物交付后

10 日内必须办理抵押登记，也不同于普通的动产抵押；三是优先于其他担保物权人受偿，哪怕其他担保物权登记在先（法定担保物权留置权除外），该动产担保方式也因此被俗称为“超级优先权”。因此，一个企业哪怕所有财产都已抵押，仍然可以以这种抵押方式赊购设备。因为对于出卖人而言，其对于该设备价款债权，有权就该设备优先于所有其他担保物权人受偿。

（六）关于留置权

对于“留置的动产，应当与债权属于同一法律关系”（第四百四十八条）如何理解？应指债权的发生与该动产存在牵连关系。如你来修车却不付修车费，我扣留你这车。车与修理费之债，具有牵连关系，属于留置。如有人在你饭店吃饭不付餐费，你扣留他的包，就不属于留置，因为该包与餐费之间无牵连关系。你当然有权扣包，但依据的是侵权责任编第一千一百七十七条规定的“权利受侵害时的紧急自卫权”，且扣留后须交国家机关而不能自行处理。

关于《中华人民共和国民法典》第七百九十三条适用中的相关问题

罗有才*

摘要:《民法典》第七百九十三条在吸收了《最高人民法院关于审理建设工程施工合同纠纷案件适用法律问题的解释》第二条、第三条内容的基础上,对于在建设工程施工合同无效情形下,承包人工程价款确定和工程验收不合格处理作出了规定。在具体适用条文过程中,有必要结合其他法律、行政法规、司法解释和部委规章的相关规定,对条文中所涉及的建设工程施工合同无效情形、工程竣工验收合格判断、承包人工程价款确定、工程竣工验收不合格处理等常见问题作进一步探讨。

关键词:建设工程　合同无效　工程价款　折价补偿

建设工程施工合同案件涉及的标的额大、法律关系复杂,当事人之间矛盾尖锐,且无效合同所占的比例较高,案件处理难度大。为更好地解决此类无效合同案件在实践中遇到的相关问题,需要对《民法典》合同编中有关建设工程施工合同无效相关条文的具体适用进行研究。

《民法典》第七百九十三条规定,建设工程施工合同无效,但是建设工程经验收合格的,可以参照合同关于工程价款的约定折价补偿承包人。建设工程施工合同无效,且建设工程经验收不合格的,按照以下情形处理:(1)修复后的建设工程经验收合格的,发包人可以请求承包人承担修复费用;(2)修复后的建设工程经验收不合格的,承包人无权请求参照合同关于工程价款的约定折价补偿。发包人对因建设工程不合格造成的损失有过错的,应当承担相应的责任。该条适用中的主要问题有合同效力、工程验收标准、工程价款确定等,下文一一予以分析。

---

* 罗有才,江苏省人民检察院检察官。

一、合同无效的主要情形

如果建设工程合同有效,则发包人和承包人应当按照合同的约定结算工程价款。如果建设工程施工合同无效,则依据《民法典》第七百九十三条第一款规定,可以参照合同约定折价补偿承包人工程价款。由于该条文适用的前提是建设工程施工合同无效,因此,有必要对建设工程施工合同无效的情形进行梳理。

(一)施工合同无效的主要表现形式

实务中,建设工程施工合同无效的情形主要包括因施工合同主体违反《建筑法》中对建筑企业资质和分包管理的规定、违反《招标投标法》中对于招投标范围和招投标市场秩序的规定以及违反《城乡规划法》中对于城乡规划管理的规定等导致的施工合同无效,具体主要表现为:承包人没有资质、超越资质、实际施工人借用资质或挂靠有资质的施工单位与发包人签订施工合同;承包人转包、非法分包、支解分包建设工程;建设工程必须招标而未招标或者中标无效;发包人未取得建设用地规划许可证、建设工程规划许可证;违反工程建设强制性标准,任意压缩合理工期、降低工程质量标准等。①

(二)名为专业分包、劳务分包或内部承包,实为转包、违法分包的认定

施工总承包人将专业工程分包给有资质企业的专业分包合同、施工总承包人或专业承包企业将劳务作业分包给劳务企业的劳务分包合同、施工企业与其内设部门或职工之间的内部承包合同,不违反法律和行政法规的规定,合法有效。司法实践中,当事人为规避法律规定,名义上签订的是专业分包、劳务分包或内部承包合同,但是实际上是转包、违法分包合同。对此,可以参照住房和城乡建设部《建筑工程施工发包与承包违法行为认定查处管理办法》的规定,对于常见的承包人将工程转包给个人的;母公司将工程交由子公司施工的;承包人未派驻项目主要管理人员对工程进行组织管理的;专业作业承包人承包的范围是承包人承包的全部工程并计取全部工程价款的均应认定为转包。对于施工总承包人将主体结构的施工分包给其他单位的(钢结构工程除外);专业分包人将非劳务作业部分再分包的;劳务分包人除计取劳务作业费用外,还计取主要建筑材料款和

① 最高人民法院民事审判第一庭编著:《最高人民法院建设工程施工合同司法解释(二)理解与适用》,人民法院出版社 2019 年版,第 78~80 页。

大中型施工机械设备、主要周转材料费用的均应认定为非法分包。[①] 对转包、违法分包合同的确认，不能仅依据当事人签订的施工合同名称做出判断，而是要根据合同的具体条款和内容对其性质进行认定。

（三）商品房招投标和劳务分包资质管理规定变化对合同效力的影响

依据国家发改委根据国务院授权于 2000 年规定的《建设工程项目招标范围和规模标准规定》，商品房开发应属于强制招投标的范围，未经招投标签订的建设工程施工合同，实践中多认定为无效。但是，依据 2018 年 6 月国家发改委发布的《必须招标的工程项目规定》和《必须招标的基础设施和公用事业项目范围规定》，民营资本投资的商品房项目不再属于强制招投标的范围，涉及该商品房建设的施工合同未经招投标，则应当认定为有效。为鼓励施工总承包、专业承包企业成立自有劳务作业企业，引导有一定管理能力的班组长组建小微劳务作业企业，自 2018 年起，包括江苏省在内的全国部分省市已经开始试点取消建筑施工劳务资质审批，从事建筑劳务作业的企业持有营业执照即可承接施工总承包、专业承包企业的劳务分包作业。随着国家对建筑劳务市场相关行政法规的调整，劳务分包合同将不再因为资质问题影响该合同的效力。

二、工程竣工验收合格的判断

《民法典》第七百九十三条第一款规定的承包人可以参照合同约定获得工程价款的条件是工程验收合格。实务中，工程验收合格判断主要涉及工程验收合格证明文件的取

---

① 中华人民共和国住房和城乡建设部《建筑工程施工发包与承包违法行为认定查处管理办法》（2019 年 1 月 3 日）第八条规定，存在下列情形之一的，应当认定为转包，但有证据证明属于挂靠或者其他违法行为的除外：（一）承包单位将其承包的全部工程转给其他单位（包括母公司承接建筑工程后将所承接工程交由具有独立法人资格的子公司施工的情形）或个人施工的；（二）承包单位将其承包的全部工程肢解以后，以分包的名义分别转给其他单位或个人施工的；（三）施工总承包单位或专业承包单位未派驻项目负责人、技术负责人、质量管理负责人、安全管理负责人等主要管理人员，或派驻的项目负责人、技术负责人、质量管理负责人、安全管理负责人中一人及以上与施工单位没有订立劳动合同且没有建立劳动工资和社会养老保险关系，或派驻的项目负责人未对该工程的施工活动进行组织管理，又不能进行合理解释并提供相应证明的；（四）合同约定由承包单位负责采购的主要建筑材料、构配件及工程设备或租赁的施工机械设备，由其他单位或个人采购、租赁，或施工单位不能提供有关采购、租赁合同及发票等证明，又不能进行合理解释并提供相应证明的；（五）专业作业承包人承包的范围是承包单位承包的全部工程，专业作业承包人计取的是除上缴给承包单位“管理费”之外的全部工程价款的；（六）承包单位通过采取合作、联营、个人承包等形式或名义，直接或变相将其承包的全部工程转给其他单位或个人施工的；（七）专业工程的发包单位不是该工程的施工总承包或专业承包单位的，但建设单位依约作为发包单位的除外；（八）专业作业的发包单位不是该工程承包单位的；（九）施工合同主体之间没有工程款收付关系，或者承包单位收到款项后又将款项转拨给其他单位和个人，又不能进行合理解释并提供材料证明的。两个以上的单位组成联合体承包工程，在联合体分工协议中约定或者在项目实际实施过程中，联合体一方不进行施工也未对施工活动进行组织管理的，并且向联合体其他方收取管理费或者其他类似费用的，视为联合体一方将承包的工程转包给联合体其他方。第十二条规定，存在下列情形之一的，属于违法分包：（一）承包单位将其承包的工程分包给个人的；（二）施工总承包单位或专业承包单位将工程分包给不具备相应资质单位的；（三）施工总承包单位将施工总承包合同范围内工程主体结构的施工分包给其他单位的，钢结构工程除外；（四）专业分包单位将其承包的专业工程中非劳务作业部分再分包的；（五）专业作业承包人将其承包的劳务再分包的；（六）专业作业承包人除计取劳务作业费用外，还计取主要建筑材料款和大中型施工机械设备、主要周转材料费用的。

得和验收合格时间的确定。

（一）验收合格证明文件的取得

工程施工完毕后，承包人应当按照《建设工程质量管理条例》第十六条的规定，向发包人报送竣工验收资料和竣工验收报告，发包人在收到竣工验收报告后，应当组织勘察、设计、施工、监理等有关单位进行竣工验收，验收合格的，由建设、勘察、设计、施工、监理各方签署工程验收合格证明文件，即为工程验收合格。依照《消防法》的规定，对于人员密集场所以及特殊建设工程，工程竣工后，发包人应当向出具消防设计审核意见的消防机构申请消防验收，获取消防验收合格证明文件后，方为验收合格。此外，对于规划、环保、节能等验收，当事人在合同中明确约定作为验收合格条件的，应当从其约定。对于承包人中途撤场的已完工程部分，其能够证明该部分工程已按照验收规范程序，经过相应的单位工程验收或者分部工程验收、分项工程验收、检验批验收合格，取得验收合格证明文件的，其已完成的工程部分即为验收合格，无须等到取得整个工程竣工验收合格的证明文件。

（二）验收合格时间的确定

实务中，不仅工程竣工验收合格是承包人获得工程价款的条件，工程竣工验收合格的日期确定对于承包人是否存在延误工期的认定也具有重要的意义，亦是双方当事人争议的重要焦点问题。一般情形下，竣工验收合格的时间是以建设、勘察、设计、施工、监理各方在工程验收合格证明文件上的签字盖章时间作为竣工验收合格的时间。但是，对于承包人已经提交竣工验收报告，发包人拖延验收的，应当以承包人提交验收报告之日为竣工日期。对于建设工程未经竣工验收，发包人擅自使用的，以转移占有建设工程之日为竣工日期。[①] 工程验收合格后，发包人应当按照建设行政主管部门验收管理的相关规定，自工程竣工验收合格之日起 15 日内，向工程所在地的建设主管部门办理备案手续。依据国务院《关于取消第二批行政审批项目管理方式的决定》的规定，对于房屋和市政基础设施工程来说，此备案系告知性备案，而非竣工验收核准。因此，除备案机关审核中发现发包人有违反质量管理规定的情形并要求重新组织竣工验收外，各方在验收合格证明文字上的签字盖章日期为竣工验收合格的日期，但当事人另有约定的除外。

三、承包人工程价款确定

依照《民法典》第一百五十七条的规定，民事法律行为无效，行为人因该行为取得的财产，应当予以返还；不能返还或者没有必要返还的，应当折价补偿。有过错的一方应当

---

① 《最高人民法院关于审理建设工程施工合同纠纷案件适用法律问题的解释》第十四条规定，当事人对建设工程实际竣工日期有争议的，按照以下情形分别处理：（一）建设工程经竣工验收合格的，以竣工验收合格之日为竣工日期；（二）承包人已经提交竣工验收报告，发包人拖延验收的，以承包人提交验收报告之日为竣工日期；（三）建设工程未经竣工验收，发包人擅自使用的，以转移占有建设工程之日为竣工日期。

赔偿对方由此所受到的损失;各方都有过错的,应当各自承担相应的责任。

(一)对承包人工程价款折价补偿方式的选择

鉴于建设工程施工合同的特殊性,即承包人在工程建设过程中已经将建筑材料等物化成不动产,故对承包人的折价补偿无法适用无效合同的财产返还,只能通过折价补偿的方式计算承包人的工程价款。关于承包人工程价款的折价补偿方式有以下两种:一种是按照定额和市场信息价计算承包人的工程价款,另一种是参照合同约定结算工程价款。目前我国的建筑市场多数属于发包人市场,加上建筑市场中部分承包人的无序竞争,双方签订的施工合同的工程价款相对较低。如果按照定额标准和市场信息价,则工程价款的确定往往高于双方当事人的合同约定,有可能诱使承包人恶意主张合同无效。因此,参照合同约定确定工程价款数额符合签约时当事人的真实意思,也有利于平衡双方之间的利益。[①] 需要强调的是,这里的参照合同约定确定工程价款,只是合同无效后的一种折价补偿方式,并非无效合同按有效处理。

(二)参照合同约定结算工程款中应注意的问题

参照合同约定结算工程价款主要是指参照合同中约定的计价标准或者计价方法结算工程价款。对于因设计变更导致建设工程的工程量或者质量标准发生变化,当事人对该部分价款不能协商一致的,可以参照签订建设工程施工合同时当地建设行政主管部门发布的计价方法或者计价标准结算工程款。建设工程施工合同无效,一方当事人请求对方赔偿损失的,对于损失大小无法确定的,当事人请求参照合同约定的质量标准、建设工期、工程价款支付时间等内容确定损失大小的,可以结合双方过错程度,过错与损失之间的因果关系等因素做出综合判断。[②] 由于违约责任系建立在合同有效的基础之上,合同无效的情形下,违约责任条款不再继续适用。

四、工程验收不合格的处理

《民法典》第七百九十三条第二款、第三款规定的是施工合同无效情形下,对验收不合格工程的处理及损失责任承担。

(一)验收不合格的处理

工程质量不合格是指工程质量不符合当事人合同约定的设计标准或者不符合国家工程质量验收标准。依据《建设工程质量管理条例》第三十二条规定,施工单位对施工中

① 最高人民法院民事审判第一庭编著:《最高人民法院建设工程施工合同司法解释的理解与适用》,人民法院出版社 2004 年版,第 33~39 页。

② 《最高人民法院关于审理建设工程施工合同纠纷案件适用法律问题的解释(二)》第三条规定,建设工程施工合同无效,一方当事人请求对方赔偿损失的,应当就对方过错、损失大小、过错与损失之间的因果关系承担举证责任。损失大小无法确定,一方当事人请求参照合同约定的质量标准、建设工期、工程价款支付时间等内容确定损失大小的,人民法院可以结合双方过错程度、过错与损失之间的因果关系等因素作出裁判。

出现质量问题的建设工程或者竣工验收不合格的建设工程，应当负责返修。对于经过修补后可以达到质量标准，不影响使用功能和外观要求的缺陷，可以采取修补处理；对于危及结构安全和耐久性的缺陷，可以采用加固处理；对于通过修补和加固处理无法满足规定的质量标准要求的缺陷，应当采取返工处理。对于无法返修的，则只能通过限制使用或拆除处理。①

（二）修复方案的选择

实务中，对于双方当事人就涉案工程是否存在质量问题，如存在质量问题是否应当修复以及如何进行修复达不成一致意见时，可以委托有资质的鉴定机构出具鉴定意见。如鉴定机构关于涉案工程存在质量缺陷的意见被采纳，工程需要修复，则应由有资质的鉴定机构出具方案。人民法院和仲裁机构在确定修复方案时，既要考虑方案应满足现行设计规范和安全性、耐久性和适用性的要求，又要在修复范围和材料的选择上考虑节约成本和技术可行以及正常使用标准，避免过度修复，造成资源浪费。承包人采取修复措施后，工程经验收合格，承包人有权向发包人主张工程价款。反之，修复后的工程验收不合格的，涉案工程没有使用价值，发包人的合同目的无法实现，承包人无权主张工程价款。

（三）工程验收不合格造成损失的责任承担

工程验收不合格造成的损失，既可能是由于承包人的原因造成，也可能是由于发包人的原因造成。如果是由于承包人未按设计要求施工、偷工减料、违法转包等原因引起，则承包人应当按照《民法典》第七百九十三条第二款规定，将工程修复至合格，并承担相应的修复费用，才可以向发包人主张工程价款。如果工程验收不合格造成的损失是由于发包人的设计缺陷；提供的建筑材料、构配件、设备不符合强制性标准；直接指定分包人分包专业工程的原因引起，发包人亦应当按照《民法典》第七百九十三条第三款规定，承担相应的过错责任。如果合同无效造成的损失是由于发包人和承包人的共同原因所导致，则由双方根据各自的过错按比例承担。

① 全国一级建造师执业资格考试用书编写委员会编：《建设工程项目管理》，中国建筑工业出版社 2017 年版，第 205 ~ 206 页。

《民法典》继承编理解适用中的几个问题

李　川　李兴中*

摘要:《民法典》继承编增加了代位继承人,扩大了法定继承的范围,需正确认定法定继承人范围和继承顺位;增加了打印遗嘱的规定,为自书遗嘱等补充了新的形式;调整了不能担任遗嘱见证人的规定,需进一步认识不适格遗嘱见证人对遗嘱效力的影响;新增了遗嘱执行人和遗产管理人的规定,其中法定继承中当然获得物权的继承人是遗产管理人。

关键词:代位继承　法定继承人　打印遗嘱　遗嘱见证人　遗产管理人

《民法典》于2020年5月28日第十三届全国人民代表大会第三次会议通过,并将于2021年1月1日起实施。《民法典》继承编在原《继承法》的基础上,虽未有大的变动,但其修改也具有时代特色,引入了一些新的制度。本文拟对《民法典》"继承编"的部分新修条文提出理解适用方面的意见,以期有利于《民法典》的正确实施。

一、关于代位继承和丧偶儿媳、女婿的继承权

《民法典》继承编第一千一百二十八条第二款新增加一项规定:"被继承人的兄弟姐妹先于被继承人死亡的,由被继承人的兄弟姐妹的子女代位继承。"这一规定扩大了代位继承的范围,使被继承人的兄弟姐妹的子女也有代位继承权。

在该条规定中,由于没有明确两种代位继承权的先后顺序,实践中可能会产生争产之讼。被继承人的子女是第一顺位继承人,被继承人的兄弟姐妹是第二顺位继承人,代位继承也必须按照继承顺位。当被继承人的子女已经先于被继承人死亡,而被继承人的子女有晚辈直系血亲的,由该晚辈直系血亲作为第一顺位继承人继承遗产。如果被继承

---

* 李川,首都经济贸易大学法学院民商法硕士研究生;李兴中,江苏省扬州市广陵区人民检察院副检察长。

人的子女已经死亡，也没有晚辈直系血亲，且也没有第一顺位的配偶、父母为继承人的，第二顺位继承人中的兄弟姐妹的子女才有可能作为代位继承权人继承遗产。对于第二顺位继承人中除了代位继承人之外，还有其他继承人的，如还有其他兄弟姐妹的，不能排斥已经去世的兄弟姐妹的子女的代位继承。现实中，如有其他兄弟姐妹健在的，已经去世的兄弟姐妹的子女可能并不能分得遗产，代位继承权不能实现。这需要通过宣传教育让新的继承观念让人民群众知晓。

《妇女权益保障法》第三十五条规定："丧偶的妇女对公、婆尽了主要赡养义务的，作为公、婆的第一顺序法定继承人，其继承权不受子女代位继承的影响。"《民法典》继承编第一千一百二十九条规定："丧偶儿媳对公婆，丧偶女婿对岳父母，尽了主要赡养义务的，作为第一顺序继承人。"从这些规定可以看出，尽了主要赡养义务的丧偶儿媳、女婿，作为第一顺位继承人，其继承权不受子女代位权影响。子女其实也是丧偶儿媳、女婿的子女。尽了主要赡养义务的丧偶儿媳、女婿和他们的子女各占一份法定继承份额。但尽了主要赡养义务的丧偶儿媳、女婿并不是法定继承人，他们是因为事实产生的扶养关系而成为继承人的。最终他们能否成为第一顺位继承人，是需要司法对尽了主要赡养义务进行认定。因此，在法定继承开始之后，如果家庭协商或调解不成，尽了主要赡养义务的丧偶儿媳、女婿的继承权是需要法院来认定的。

尽了主要赡养义务的丧偶儿媳、女婿的继承权依据，其实就是《民法典》继承编第一千一百三十一条规定："对继承人以外的依靠被继承人扶养的人，或者继承人以外的对被继承人扶养较多的人，可以分给适当的遗产。"属于基于扶养关系而获得的继承权，不同于第一、第二顺位继承人和代位继承人基于血缘、婚姻获得的继承权。那么尽了主要赡养义务的丧偶儿媳、女婿能够依据《民法典》继承编第一千一百三十条第三款的规定"对被继承人尽了主要扶养义务或者与被继承人共同生活的继承人，分配遗产时，可以多分"而要求多分遗产呢？笔者认为，这是不可以的。因为该款是有关法定继承人之间遗产份额分配的规定，而丧偶儿媳、女婿原本不是法定继承人，只是因为尽了主要赡养义务而成为第一顺位继承人。其尽主要赡养义务的事实在作为第一顺序继承人时已经予以评价，不能再在遗产分配时以同一事实做第二次评价，而多分遗产。

二、遗赠的对象问题

《民法典》继承编第一千一百三十三条第三款规定了遗赠。遗赠可以赠给国家、集体或者组织，但遗赠给个人时必须是法定继承人以外的人。因为若是赠与法定继承人，就是遗嘱继承，而非遗赠。遗嘱继承和遗嘱对承继被继承人财产的人而言，在权利上、经济利益上有很大差别。《国家税务总局关于继承土地、房屋权属有关契税问题的批复》中规定："一、对于《中华人民共和国继承法》规定的法定继承人（包括配偶、子女、父母、兄弟姐妹、祖父母、外祖父母）继承土地、房屋权属，不征契税。二、按照《中华人民共和国继承法》规定,非法定继承人根据遗嘱承受死者生前的土地、房屋权属,属于赠与行为,应征收契税。”二者差别可见一斑。

对于法定继承人范围的理解,直接决定了是遗嘱继承,还是遗赠。按照《民法典》继承编第一千一百二十七条法定继承人的范围,被继承人的配偶、子女、父母为第一顺序继承人,被继承人的兄弟姐妹、祖父母、外祖父母为第二顺序继承人。若仅以上规定为法定继承人范围,在实践中会发生这样的情形:祖父母(外祖父母)立遗嘱将房产赠与孙子女(外孙子女),此时为遗赠,因为孙子女(外孙子女)对祖父母而言不是法定继承人。孙子女(外孙子女)获得房产就必须缴纳契税。孙子女(外孙子女)立遗嘱将房产赠与祖父母(外祖父母),此时为遗嘱继承,因为对于孙子女(外孙子女)而言,祖父母(外祖父母)是法定继承人。祖父母(外祖父母)获得房产就不需缴纳契税。相信这一情形,对于中国人的亲缘观念和家庭财产观念而言,都是不能接受的。

因此,对于法定继承人的理解不能狭隘,除了配偶、子女、父母和兄弟姐妹、祖父母、外祖父母外,还应包括代位继承人。代位继承人也属于法定继承人。孙子女(外孙子女)依遗嘱继承祖父母(外祖父母)的财产,是遗嘱继承。祖父母(外祖父母)在其子女仍健在时,完全可以选择通过遗嘱将财产给孙子女(外孙子女)继承。但丧偶的儿媳、女婿不是法定继承人,可以成为遗赠的对象。

实务中,遗赠的对象产生争议的还有一个现实问题,就是与遗嘱人、法定继承人之间有劳务关系的人成为遗赠对象的问题。也就是实践中常见诸报端的老人将财产全部遗赠给保姆之类的案件。立法过程中,曾有人提出对于此类遗赠应不认定为有效。但立法者慎重考虑,还是尊重遗嘱人的自由意志和个人意愿。因为继承法不是仅保护继承人的利益,同样也是保护被继承人生前对财产处分的意思和利益。但在司法实务中,对于遗嘱人将财产全部或部分遗赠给与其或其法定继承人有劳务关系的人的,司法机关应当着重查明遗嘱是否为遗嘱人真实意思表示,查明是否有受欺诈、胁迫的情形。对于劳务关系人仅能提供自书遗嘱,但没有其他证据证实遗嘱行为的自愿性、真实性的,应慎重认定遗嘱的效力。对于严重损害法定继承人利益、违背社会伦常道德的遗嘱,可根据《民法典》总则编第一百五十三条第二款规定的“违背公序良俗的民事法律行为无效”,依法认定其无效。

三、关于自书遗嘱、代书遗嘱与打印遗嘱

《民法典》继承编第一千一百三十四条规定:“自书遗嘱由遗嘱人亲笔书写,签名,注明年、月、日。”第一千三百三十五条规定:“代书遗嘱应当有两个以上见证人在场见证,由其中一人代书,并由遗嘱人、代书人和其他见证人签名,注明年、月、日。”以上有关自书遗嘱和代书遗嘱的规定,较之《继承法》未有实质修改。第一千三百三十六条规定:“打印遗嘱应当有两个以上见证人在场见证。遗嘱人和见证人应当在遗嘱每一页签名,注明年、

月、日。”这是《民法典》继承编新增的规定，被称为打印遗嘱条文。很显然，由于自书遗嘱的条文中明确规定了遗嘱人必须亲笔书写，才符合自书遗嘱的条件。那么遗嘱人不是亲笔书写，而是采取打印的形式立遗嘱，这就是打印遗嘱，则必须有两个以上见证人。因为打印的形式，无法看出遗嘱人的个人识别特征，所以法律对代书遗嘱增加了见证的要求。从这里可以看出，打印遗嘱其实是自书遗嘱的一种补充形式。

代书遗嘱是否可以打印形式，而适用该条文？代书遗嘱的法条没有排斥打印形式，但由于法律专门规定了打印遗嘱，所以对代书遗嘱中的“代书”狭义理解为代为用笔书写为宜。且如果打印形式的代书遗嘱不适用打印遗嘱规定的话，实际上是降低了打印形式的代书遗嘱的成立条件。因为打印遗嘱需逐页签名，而代书遗嘱没有这个要求。因此对于打印形式的代书遗嘱的成立条件，仍应当适用打印遗嘱的规定。

无论是自书遗嘱、代书遗嘱或打印遗嘱，都存在一个修改问题。直接在遗嘱上修改的文字，根据三种形式的遗嘱的成立要件，自书遗嘱需要遗嘱人在修改处签字，注明年月日；代书遗嘱需要由代书人、遗嘱人、见证人在修改处签字，注明年月日；打印遗嘱需遗嘱人、见证人在修改处签字，注明年月日。

四、见证人不适格的遗嘱效力问题

《民法典》继承编第一千一百四十条规定：“下列人员不能作为遗嘱见证人：(一)无民事行为能力人、限制民事行为能力人以及其他不具有见证能力的人；(二)继承人、受遗赠人；(三)与继承人、受遗赠人有利害关系的人。”这三种情形的见证人，对遗嘱效力的影响是不同的。

遗嘱见证人的规定分见于《民法典》继承编第一千一百三十五条、第一千三百三十六条、第一千三百三十七条和第一千三百三十八条，分别是在代书遗嘱、打印遗嘱、录音录像遗嘱和口头遗嘱的成立要件中规定了必须有二名以上的见证人。

对于不具有见证能力的人作为见证人的遗嘱，要看适格见证人是否符合法定人数。如果见证人中有无民事行为能力人、限制民事行为能力人，或者其他不具有见证能力的人，也有其他具有见证能力的人，而有见证能力的人超过二人的，该遗嘱有效。因为从常理判断，缺乏见证能力的人往往缺少民事行为能力，其一般不会影响到其他见证人的见证行为，也不会影响到遗嘱人的立遗嘱行为。但是如果缺乏见证能力的见证人在立遗嘱的过程中，严重干扰了适格见证人的见证行为的，或者严重干扰了遗嘱人的立遗嘱行为的，也可以认定为遗嘱无效。

对于继承人、受遗赠人或者与继承人、受遗赠人有利害关系的人作为见证人见证立遗嘱过程的，即使其他适格见证人有二人以上，该遗嘱依然无效。因为继承人、受遗赠人，及与其有利害关系的人，对遗嘱财产的处分均有利害关系，他们的在场，会严重干扰遗嘱人的立遗嘱行为，难以保证遗嘱是遗嘱人的真实意思表示，甚至不能排除欺诈、胁迫等情形。对于见证人中有继承人、受遗赠人,或者与其有利害关系的人的,可以根据本条规定,认定遗嘱无效。

五、关于遗产管理人

遗嘱执行人和遗产管理人是本次《民法典》修订中新增的规定。《民法典》继承编第一千一百四十五条规定:“继承开始后,遗嘱执行人为遗产管理人;没有遗嘱执行人的,继承人应当及时推选遗产管理人;继承人未推选的,由继承人共同担任遗产管理人;没有继承人或者继承人均放弃继承的,由被继承人生前住所地的民政部门或者村民委员会担任遗产管理人。”由于遗嘱的效力先于法定继承,故法律先规定了遗嘱执行人,并明确遗嘱执行人为遗产管理人。在没有遗嘱继承和遗赠的情况下,法定继承开始时,发生当然继承,如跟被继承人一起生活的继承人,当然取得对被继承人房屋的管理权,换言之,取得被继承的物的占有使用权的继承人,是当然的遗产管理人,这是毋庸置疑的。反过来说,即使未推选其为遗产管理人,该继承人也是遗产管理人。因此,该条中的“没有遗嘱执行人的,继承人应当及时推选遗产管理人”主要指的是有遗嘱的情况。而在没有遗嘱只有法定继承的情况下,固然也可以推选,但当然继承的继承人就是事实上的遗产管理人时,推选要取得一致意见排斥其作为遗产管理人是不现实的。因此,法定继承的情况下,要么推选事实上的遗产管理人,或者其与其他继承人为遗产管理人,或者就是由该条规定的“由继承人共同担任遗产管理人。”

《民法典》继承编第一千一百四十七条至第一千一百四十九条规定了遗产管理人的权利义务。第一千一百四十九条规定了遗产管理人可以获得报酬。由于民政部门是政府组成部门,村民委员会是基层政权组织,它们都不大可能获取报酬。因此,这里的遗产管理人主要是自然人,包括继承人或非继承人,但不能包括与遗产有利害关系的其他人。且这几条有关遗产管理人权利义务的规定,主要约束的是法院指定的遗产管理人。法定继承后,继承人共同担任遗产管理人的,无论如何履行管理职责,其后果也是归并于继承人共同承担,因此这些条款并不是对继承人共同担任遗产管理人时构成严苛要求。

检察理论

检察产品原理研究

陶国中　王红庆*

摘要：最高人民检察院张军检察长提出的“检察产品”理念，为检察工作供给侧改革提供了新思路新方法。根据马克思政治经济学及法社会学相关原理，检察产品具有司法性、治理性、公共性的属性，是符合用户需求、遵循资源配置规律、追求效益最大化的经济产品。通过分析检察产品供给的相关因素，新时代检察产品发展的路径应选择办案决策、办案载体、办案服务和办案人才的供给侧改革。

关键词：检察产品　原理　供给侧改革　发展路径

党的十九大报告指出：“中国特色社会主义进入新时代，我国社会主要矛盾已经转化为人民日益增长的美好生活需要和不平衡不充分的发展之间的矛盾。”在这一关系全局的历史性变化中，最高人民检察院张军检察长主动顺应形势发展变化，从服务党和国家工作大局出发，高屋建瓴地提出“要深入思考如何从人民群众对民主、法治、公平、正义、安全、环境等方面的需求上来谋划检察工作的发展，从供给侧为人民群众提供更优质的法治产品、检察产品”。[①] “检察产品”理念，为新时代检察工作发展提供了新思路新方法。本文从检察产品的内涵属性、表现形式、运行逻辑、关联性因素以及产品供给侧改革合理化路径等方面进行分析论述，试图构建一个较为完备的检察产品论体系，为推动检察工作创新发展提供理论依据和支撑。

---

* 陶国中，江苏省南京市人民检察院副检察长，三级高级检察官；王红庆，江苏省南京市人民检察院法律政策研究室副主任，四级高级检察官。

① 赵志刚：《以“法治产品”观念引领检察供给侧改革》，载《检察日报》2018年6月22日。

一、检察产品的内涵及功能属性

(一)检察产品的内涵

所谓产品,是指能够供给市场,被人们使用和消费,并能满足人们某种需求的东西,包括有形的物品、无形的服务、组织、观念或它们的组合。那么,检察产品是指检察官和检辅人员,应用自身的法律知识、办案经验完成案件的批捕(不捕)、起诉(不诉)、抗诉(不抗诉)以及诉前检察建议等,使涉案人员依法享有法律赋予的权利,自觉履行法律赋予的义务,承担相应的法律后果,并结合办案进行法律监督,规范公权行使。同时,延伸办案触角,提供各种法律服务和咨询,满足社会公众对法治的需求。

(二)检察产品的功能属性

检察产品不同于一般产品,其更具有理性和强制力。具体表现如下:

1. 司法性。检察产品不同于企业产品,是由检察机关按照法定的职权和程序,具体运用法律处理诉讼案件的专门活动和法律服务,是代表国家行使强制力,具有鲜明的司法性。

2. 治理性。检察产品主要是规范制约人们的行为,体现的是一种社会治理,努力促进全社会树立“规则意识”“法治意识”,形成人人尊法守法的法治氛围;促进政府“依法行政”、司法“公正裁判”、公民“依法行为”的法治秩序,使“法治”成为人民群众过上“美好生活”的基本保障。

3. 公共性。检察产品与社会成员的日常生活、行为紧密相连,通过个案的产品来体现公共管理的性质和目的,传递个案产品对社会的警示防范作用,同时为社会公众提供公共利益、普遍利益的保护。

二、检察产品的经济学考量

检察工作的产品观,是用一种经济学的视角审视检察工作,更加理性地探寻司法的内在规律和评价标准。

(一)树立用户需求观①

1. 明确检察产品的消费者。检察产品的消费者狭义上包括案件当事人、辩护人、其他诉讼参与人等,广义上包括全体公民。

2. 明确消费者的需求。检察机关为人民群众提供的产品,是一个个案件,一份份法律文书,案件办理得及不及时、公不公正,有无维护当事人合法权益和社会公共利益,是消费者最大的需求和期待。

作为检察机关要正确把握法律与政策,依法及时做好对案件个体权益的维护和回应,同时还要对国家和人民长远法治发展需求作出回应,也就是在以个案彰显社会公平

---

① 简平:《树立“四观”践行检察产品理念》,载《检察日报》2018 年 8 月 1 日。

正义的基础上,潜移默化地助推提升全社会法治水平和公民法治素养。

(二)遵循资源配置规律[①]

资源分配在经济学上的最优选择就是让市场发挥调节的决定性作用,政府可以进行宏观指导。对于检察产品来说就是根据司法规律配置检察资源,符合司法规律就是优化配置,背离司法规律就会产生负面效应。具体而言,其一,向核心职能倾斜配置资源。检察产品的核心价值、核心功能,就是办案,就是以办案为中心,围绕刑事检察、民事检察、行政检察和公益诉讼检察,进行资源优化配置,使核心产品赋能,增加附加值,产生积极的效益。其二,重视人力资源的合理利用。司法机关之间在公信力和满意度上均存在一定的竞争性,这个竞争关系比的是实力,而实力来自人才的支撑。当前,员额制检察官虽非精英化,但是优秀的人力资源,是检察机关与其他司法机关之间竞争依靠的主力。要重视人才的创造性作用,充分发挥检察官的能动性和主动性,因为司法是具体而细微的,需要检察官的创造性劳动,生产出优质的检察产品。为此,对人才管理,须进一步去行政化,全面实行专业化扁平管理。

(三)追求效益的最大化

四大检察产品要各自形成整体而明确的司法办案节奏,做到诉前引导侦查机关、执法部门等依法履职,提高移送产品质量标准;居中通过检察审查、核实印证,形成有效的指控,更好地适应以审判为中心的诉讼制度改革;诉后进行有效的法律监督,促进裁判公正,从而使诉前、诉中、诉后的整体链衔接畅通,保障产品的质量。质量可靠,就是最大的成本节约,避免返工召回,使消耗大于效益,而且更重要的是满足了用户的终极需求,也就是人民群众对公正高效司法办案的需求、对公平正义的需求。

三、影响检察产品品质供给的相关因素

(一)检察人员的内在能力

1. 专业化能力。检察产品离不开人的因素,而检察人员的能力高低、专业化程度决定着产品的品质。当前司法体制改革、人员分类管理和司法责任制的落实,有力促进了检察官专业能力建设和培养。现代司法专业能力应包含三个层次,即法律专业知识运用能力、司法专业精神、司法专业气质。

2. 释法说理能力。检察产品的说理工作,有利于增强检察工作透明度,促进诉讼参与人和社会公众理解司法办案的依据,从源头上化解矛盾,促进社会和谐稳定。说理能力与办案能力不能分割,必须二者兼具,使办案中含有说理,在说理中优化办案,更好显现办案实效,助推检察产品更优。

---

① 刘哲:《检察之路的经济学逻辑是什么》,载腾讯网:https://xw.qq.com/cmsid/2018/106B12QL100,最后访问日期:2020年7月23日。

3. 办案风险预判能力。在检察产品生成过程中，对可能存在引发的社会不稳定因素，能有效应对，及时稳控，做好舆情疏导、司法救助、矛盾化解等工作，减少和防范检察产品风险发生，树立检察机关执法公信力。

（二）当事人认知与评价

“产品”好不好，评价的权利在消费者手中，具体表现为涉案人员对案件处理结果（检察产品）服从与不服从的态度，以及社会公众对检察产品的认可与评议。而这种认知包括两个方面：

1. 理性的认知。涉案当事人综合案件的事实与证据，相信检察官的专业性办案，对处理结果即检察产品，持认可、服从的态度，遵从法律的处理。即使不认可，也采取合法的方式维护权益，通过上诉、抗诉、申诉等途径，在法律允许的范围内提出合理诉求，寻求法律援助。

2. 感性的认知。涉案当事人对检察产品即司法办案的结果以自身实际感受作为衡量标准，当处理结果符合自己预设的期望值时，会认可、服从法律处理。但实际感受往往囿于认知的片面性和法律知识的不足，认为切身利益未得到依法保护，受到了不公平待遇，就持否定、不满意的态度，采取不当方式进行上访告状甚至缠诉，扩大态势。

（三）社会外部环境

1. 国家政策。政策是国家为实现一定时期的政治、经济、文化等目标任务而确定的行动准则，具有普遍性、指导性、灵活性等特征。政策与法律是现代社会调控和治国互为补充的两种手段，二者相互影响、相互作用，具有功能的共同性和适用的互补性。如果政策突破法律底线，就会影响法律适用，破坏法律上的正义。

2. 社会道德。在我国传统法律文化中，道德意识一直主宰着我们的行为规范，传统道德与现代法治的博弈还有很长的路要走。对于司法办案形成的检察产品，公民发表舆论，参与到案件中，是一种民意的反映。公民从内心的道德来判断是非公正，追求的是道德上的正义，彰显的是社会良知。公众道德化倾向，往往会用感情判断，与司法理性化判断会产生一定的冲突。

3. 新闻媒介。当今世界，新闻媒体对社会政治生活的影响越来越广，新闻媒体在传播信息的同时，还扮演着舆论监督的角色，媒体与司法是一种监督与被监督的关系，二者虽在基本价值追求上是一致的——捍卫社会正义，但媒体过度介入，提前对司法案件下定论、发表看法，司法就有可能陷入被媒体绑架的窘境，从而不利于司法依法独立办案，影响实体正义的实现。

四、新时代检察产品发展的合理化路径

检察机关要以检察产品理念为指引，综合考虑内外部多重因素，从需求侧出发，对自身进行供给侧改革，更好地彰显检察机关精准办案、高质量服务。

（一）实施办案决策“供给侧改革”，增强提优检察产品的内驱力

1. 以需求为导向，推进检察产品布局完善。2019 年年初，最高人民检察院张军检察长明确提出了刑事检察、民事检察、行政检察、公益诉讼检察全面协调发展的新目标新格局，着力破解了检察业务长期存在的不平衡不充分，重刑轻民、重刑轻行的现象和问题。布局已确定，落实是关键。要以推进内设机构改革为突破口，优化职能配置，为“四大检察”并驾齐驱发展奠定基础和组织保障。要创新工作机制和工作模式，既发挥好传统刑事手段，更发挥好民事、行政和公益诉讼手段，形成不同优质的检察产品，满足人民群众日益增长的多元化法治需求。

2. 以品质为标准，提升检察产品的社会认可度。所谓品质，是产品区分的标识，通过名称、符号、图案、标识、质地等元素的综合，体现自身产品的特质。[①] 检察产品的品质就是对社会公平正义的捍卫和维护。当前检察机关正处于转型发展的阶段，以此为契机塑造好自身的“品质”，进一步聚焦主责主业，强化核心职能，创出自身的“品牌”，实现检察办案与品质形象之间的有机融合，提高人民群众对检察工作的美誉度。

3. 以效果为目标，突出检察产品的价值追求。检察产品的价值引领作用是通过具体办案来体现的，最终落在效果上。检察产品的价值追求是以党和人民满不满意、答不答应作为根本的评价标准，应突出其价值导向，体现其正向效应。具体表现为：一是在办案中追求政治、法律和社会效果相统一，既讲政治顾大局，又注重办案的法律正义，还促进矛盾化解，综合考虑政治、法律、社会各方面因素，融会贯通，正确决断。二是在监督中坚持双赢共赢多赢的理念。针对长期以来存在的不敢监督、不善监督、不会监督现象，以三赢理念完善工作机制，推动法律监督与执法、司法机关内部监督有机衔接，让被监督一方从法律监督中受益，共促问题解决，共推严格执法、公正司法。

（二）实施办案载体“供给侧改革”，增强提优检察产品的核心力

1. 由传统的法律文书向释法说理的法律文书转变，提升检察产品的说服力。检察产品的核心是办案，而办案活动最终形成的产品是以法律文书呈现的。长期以来，由于对检察产品——法律文书功能定位的偏差，为什么要“生产”、为谁“生产”的概念模糊，往往就案办案，只注重法律事实的阐述，而没有论证析理的过程，对事实与证据之间的相关性、印证性的逻辑推理不够，把说理看成额外任务。而法律的魅力在于逻辑，要运用逻辑的力量增强检察办案的说服力，从“产品”的消费需求出发，着力于法律文书的论证与说理供给，使诉讼参与人准确地理解检察机关司法办案的行为依据，体现司法的公正性。

2. 由普通办案向精品办案发力，扩大检察产品的品牌效应。检察产品需要精品案件、品牌案件来引领。当前，最高人民检察院高度重视精品案件即指导性案例、典型案例的发布并形成制度，为检察官办理相关案件提供了“样本”，统一了执法尺度。实践中，指

---

① 简平：《树立“四观”践行检察产品理念》，载《检察日报》2018 年 8 月 1 日。

导性案例、典型案例的发掘还不够，对疑难问题回应还不及时，案例涉及面还较窄，还有不少空白领域亟待突破，需要进一步强化精品案例意识，在刑事、民事、行政和公益诉讼领域遴选出有特点、有影响的案例，从中总结出事实认定、证据运用、法律适用、政策把握等方面的经验做法和蕴含的理念方法，使其成为办理类似案件“活的法律”和司法评判的“参照系”，充分发挥其示范引领作用，借助提优检察产品质效。

3. 由虚化检察建议向刚性检察建议转变，彰显检察产品的影响力。检察建议是办案的延伸，是规范执法行为、参与社会治理的重要手段。在全面推进依法治国、提升国家治理体系和治理能力的新背景下，最高人民检察院张军检察长强调要“把所谓没有硬性要求的检察建议做成刚性、做到刚性”，形成司法办案的新常态。[①] 长期以来，检察建议存在制发质量不高、跟踪督促不及时、建议回复率不高等问题。要提升检察建议质效，体现其刚性效果，须将传统的“办事”模式转向“办案”模式，纳入检察机关的办案行为，推进其规范化建设。一方面，要构建规范的办理机制，使检察建议工作由粗放管理走向规范化管理。由于检察建议类型不同，制发程序也不尽相同，其中再审检察建议、纠正诉讼违法检察建议和作为公益诉讼前置程序的检察建议，应依照相关诉讼法和最高人民检察院制定诉讼监督规则的程序制发，社会治理类检察建议要进行法律政策依据和法理根据的把关。另一方面，要构建衔接配合的落实机制，探索有效方式，适情采取书面送达和宣告送达，对于宣告送达，采取宣读建议、示证说理、被建议单位发表意见等程序进行，增强检察建议的执行力，督促被建议单位整改落实到位，达到刚性效果。

（三）实施办案服务“供给侧改革”，增强提优检察产品的公信力

1. 畅通诉求表达渠道。重视用户体验和反馈，既是主动接受群众评判，提升检察产品品质的有效渠道，也是检察机关倾听民意、了解民情、排解民忧、化解民怨的有力手段。要不断完善畅通群众诉求反映的渠道，推进线上线下检察服务中心建设，为群众反映诉求、查询办理情况提供便捷高效的服务平台。认真落实对群众来信来访，做到及时回应当事人的诉求，增强法治的亲和力。在解疑释惑、化解矛盾的同时，积极开展司法救助工作，建立健全司法救助资金等制度，维护当事人的合法权益和提供困难救助，促进社会和谐。

2. 深化产品公开。产品公开，不仅彰显司法民主、司法现代化价值，更有效回应人民群众关切，使人民群众真正感受到法治的氛围。目前，在突出司法办案公开上，应不断推进案件程序性信息公开、法律文书公开和重要案件信息公开和检察办案业务数据公开，使人民群众对检察办案有深度了解，以办案公开促检务公开，以检务公开促司法公信。检察产品公开没有完成时，只有进行时，需进一步拓宽公开方式，丰富公开产品、普法产品，及时反映检察工作的特点、作用及影响，充分彰显司法公正和效率，加深人民群众对

---

① 汤唯建等：《检察建议做成刚性的内涵及路径》，载《人民检察》2019 年第 7 期。

检察产品的理解和认同。

(四)实施办案人才“供给侧改革”,增强提优检察产品的竞争力

1. 推进分类管理,体现职业发展方向。当前,检察人员分类改革及格局已基本形成,还需进一步完善相应的配套管理机制,一方面,构建科学合理的检察官选任和考核机制,严格遴选检察官标准和程序,制定检察官考核评价体系,建立检察官员额退出机制,形成员额检察官科学、规范、动态管理。另一方面,拓展检察辅助人员发展空间,在具体司法办案中建立员额检察官与检察官助理之间主体与辅助的关系,明确检辅人员相应的责任范围和比例,建立相应的考核制度,作为推荐进入员额的依据,使检辅人员有动力、有发展目标,构建起员额检察官与检察官助理之间良性互动关系,促进检察队伍职业化、专业化发展。

2. 完善司法责任制,强化公正理念与职业精神。公正理念与职业精神,表现为检察官依法履职,坚守实体公正、程序正当和人权保障,不滥用职权和漠视法律,正确行使检察裁量权。如何保证公正理念与职业精神落实在检察产品上,除加强思想教育、职业道德建设外,必须以健全的司法责任制作为有效保障,完善检察官权力清单,在赋予检察官办案事项决定权的同时,强化监督制约,将权力与责任统一起来,通过案件流程监控、质量评鉴、司法业绩考评、错案责任倒查等制度,实现对检察官行使权力的约束,从而固守检察官的公正精神和底线思维,使所办案件能够经得起法律和历史的检验。

3. 优化办案组织,提升专业能力。专业化检察办案团队,有利于推进检察专业人才队伍建设。办案组织包括独任制员额检察官和办案组。对于办案组的设立,可根据办案需要、案件数量和难易程度等,结合检察官的领军人才、办案水平、综合素能等情况,设置不同案件类型、富有特色的办案组,实现案件专业办理、研究指导于一体,彰显专业化办案水准。① 同时,健全专业化人才培训体系,根据最高人民检察院出台的岗位素能基本标准,围绕各业务类别履职范围和程序,以专业需求为指引,开展实战实训和技能竞赛,着力培养一批法律理论基础深厚、相关专业知识扎实,司法实践经验丰富的检察实务专家。

---

① 刘华:《强化专业化办案团队建设 推进江苏检察工作新发展》,载《检察研究》2019 年第 1 辑。

法学专论

市域社会治理的法治框架初论

武　艳*

摘要：全面依法治国是国家治理的一场深刻革命，市域社会治理作为基层治理的重要载体同样需要走法治化的道路。这不仅可以防范化解基层矛盾风险，也可以推进市域社会治理改革的顶层设计。市域社会作为包含区域性、层次性、广泛性以及多样性等特点的社会系统，其“法治化”维度需要体现“多元价值”，道路及策略选择更需要一个包容性的论辩框架。具体包括建立科学完备的市域社会治理法治规则体系、完善市域层面包容性的城乡社会一体化的法律保障体系、形成多元共治的市域社会法治共同体。

关键词：市域社会治理　法治化　包容性

一、导论

党的十九届四中全会审议通过的《中共中央关于坚持和完善中国特色社会主义制度　推进国家治理体系和治理能力现代化若干重大问题的决定》（以下简称《决定》），提出了“构建基层社会治理新格局”的战略要求和“加快推进市域社会治理现代化”的战略目标。作为社会治理领域的一种崭新提法，实现“加快推进市域社会治理现代化”的行动目标，既是国家治理现代化在市域范畴统筹规划的应有之义，又是推进社会治理现代化进程中的重要内容。2019 年 12 月，全国市域社会治理现代化工作会议在京召开，会议指出要不断完善党委领导、政府负责、民主协商、社会协同、公众参与、法治保障、科技支撑的社会治理体系，作为具有中国特色、市域特点、时代特征的社会治理新模式，市域社会

* 武艳，江苏省常州市金坛区人民检察院第六检察部员额检察官。

治理蕴含了一系列重要的理论问题,其中法治化的时代命题在全面依法治国的大背景下更具有实践价值。十八届四中全会明确指出“建设中国特色社会主义法治体系,建设社会主义法治国家”。目前一些最突出的矛盾和问题汇聚在市域,防范化解矛盾最坚实的力量支撑同样在市域。市域社会作为包含区域性、层次性、广泛性以及多样性等特点在内的社会系统,决定了市域社会治理的“法治”维度需要体现“多元价值”的制度需求,其“法治化”的道路选择与策略更需要一个包容性的论辩框架。

二、市域社会治理的核心命题

2018 年 6 月,中央政法委秘书长陈一新首次提出“市域社会治理现代化”的概念,并指出党的十八大以来,习近平同志就推进国家治理体系和治理能力现代化提出一系列新理念新思想新战略,为加快推进市域社会治理现代化提供了行动指南。市域社会治理既是一个新概念,又是一个旧命题,是中华人民共和国成立以来,我党在社会治理现代化实践从“管制”到“治理”的跃迁与升华。

(一)社会治理的现代化流变

人类社会的大量实践表明,现代化不仅承载了一个历史过程,也描绘了一幅动态发展的场景。德塞认为作为体制转变的一个复杂过程,现代化体现在称为“社会流动”和“结构变化”的某种社会——人口的特征中。社会流动意味着这样一种过程,其中大量旧的信仰失效和崩溃,人们可利用社会化和行为的新方式。① 现代化是“个人活动和制度结构的高度分化和专门化,”社会结构的变化在于政治权力不断分布到广泛的社会群体,并最终分布到全体成年公民,把他们结合在一个大家同意的道德秩序中。② 对于社会治理而言,同样包含着通向现代化的复杂过程,也是中国社会正在经历的发展过程。中华人民共和国成立以来,有关社会治理的有效探索大致经历了社会管制、社会管理、社会治理三个阶段,特别是从社会管理向社会治理的质的飞跃。十八大以来,党中央强调在保持社会秩序的同时,要充分发挥民众参与和社会协同的作用,以新的理念、新的方式推进社会治理。特别是习近平总书记在系列重要讲话中提出的有关社会治理的一系列重要论述,对社会治理领域的理论创新、制度创新以及实践创新都具有重大的指导意义。2013 年十八届三中全会《中共中央关于全面深化改革若干重大问题的决定》首次提出“社会治理”概念,强调“推进社会领域制度创新,推进基本公共服务均等化,加快形成科学有效的社会治理体制”,要求通过创新社会治理,增强社会发展活力,改进社会治理方式,提高社会治理水平。2019 年 1 月中央政法工作会议上,习近平总书记又提出了以新时代中国特

---

① [印度]A. R. 德赛:《现代化概念有重新评价的必要》,载[美]西里尔. E. 布莱克:《比较现代化》,杨豫、陈祖洲译,上海译文出版社 1996 年版,第 135 页。

② [印度]A. R. 德赛:《现代化概念有重新评价的必要》,载[美]西里尔. E. 布莱克:《比较现代化》,杨豫、陈祖洲译,上海译文出版社 1996 年版,第 136 页。

色社会主义思想为指导,加快推进社会治理现代化。

从"党委领导、政府负责、社会协同、公众参与的社会管理格局",到"党委领导、政府主导、社会协同、公众参与、法治保障的社会治理体制",从推进社会治理精细化到推进社会治理现代化,通过不断调整完善社会治理策略逐渐构建全民共建共享的社会治理格局,这不仅是对现代化过程中所面对的问题复杂性的回应,也集中体现了新时代中国社会治理的不断创新。

(二)市域社会治理的内涵意象

但作为社会治理在市域层面的空间表达,"市域社会治理"本身仍然是一个需要进一步加以深入分析的概念,"市域"在这一概念中意味着什么?"市域"与"社会治理"两个维度的结合又描绘了怎样的内涵意象?

其一,市域社会治理不仅是国家治理的重要部分,也具有相对独立性。十九届四中全会《决定》提出"社会治理是国家治理的重要方面",清晰表明了国家治理与社会治理的关系立场。作为国家治理的下位概念,市域社会治理不是孤立的,更不是任意的,郭声琨书记强调市域层面的最大特点就是对上承担贯彻党中央决策部署的重要责任,对下又指导基层一线工作。"其自身区域范围、制度结构、资源禀赋及其治理空间的确定性使得对自身治理事务的决策权、执行权、监督权具有相对独立运行的特点。"①市域社会治理所处的中枢承接地位,不仅使其具备承接中央、省级治理任务和防范化解重大风险的能力,同时具备优化市一级中转统筹的指导功能。

其二,市域社会治理现代化描绘"制度之治"的宏图伟略。十八大以来,我们党更加注重国家的制度建设。事实上,自从民族国家建立以来,制度的现代化越来越成为衡量国家发展程度的重要指标。在 2019 年党的十九届四中全会上,习近平总书记指出:相比过去,新时代改革开放具有许多新的内涵和特点,其中很重要的一点就是制度建设分量更重,对改革的系统性、整体性、协同性要求更强。对于市域社会治理创新这一庞大而复杂的系统工程,制度建设同样重要且须融入市域经济社会发展的大局中谋划。一方面,市域层面具有地方立法、主导发展规划以及灵活选择治理模式等治理方式有序转换的调整空间。另一方面,直接面向基层治理所释放的需求信号、治理难点及治理隐患,及时有效的制定政策、规划、方案及措施。②

其三,市域社会治理现代化回应"城乡社会"的结构转型。对于市域的概念学界存在不同声音,一种观点认为"市域"主要指设区城市的区域范围,城市相对于农村而言,城市治理更加强调城市作为治理空间的内涵;市域相对于乡村而言,市域社会治理更加强调

---

① 徐汉明:《市域社会治理现代化:内在逻辑与推进路径》,载《理论探索》2020 年第 1 期。

② 徐汉明:《市域社会治理现代化:内在逻辑与推进路径》,载《理论探索》2020 年第 1 期。

作为城市政府管辖的行政区域。[①] 笔者认为，无论从市域社会治理概念提出的时代背景抑或价值取向看，市域的范畴都不应仅限于城市范畴，事实上伴随着城市化的推进，城乡之间互相融合程度在地理范畴上已经很高。大中城市一方面吸纳大量人口，集聚了人才、技术、资本、数据等优势要素；另一方面每年数千万农村人口涌入到城市，造成原有的城乡二元结构正在出现新的形态，社会突发事件、群体性事件也在市域范围不断上演。为此，市域社会的治理，不能沿用传统城乡二元结构下所固化的治理方式，而要在治理空间上体现整体性与多维度。

其四，市域社会治理现代化强调社会治理"共同体"。伴随着移动互联网及自媒体时代的到来，"公众参与已逐渐成为城市规划、环境治理、政策评估等多方治理的制度安排"。[②] 公民政治理性及利益诉求不断聚合为具有普遍意义的权利主张。为此，市域社会治理俨然成为一种在彼此依存条件下、相互合作，共同行动的共同体行为。全国市域社会治理现代化工作会议强调切实提高市域社会治理系统化、社会化、精细化、法治化、智能化水平，努力建设人人有责、人人尽责、人人享有的社会治理共同体。即在市域层面利益主体多元化的组织内部，由于多元参与者之间的各类相互作用，使系统内部呈现出多向度的网络关系。

三、市域社会治理的法治依赖

卢曼认为："一切人类的集体生活都是由法律直接或间接地塑造的。法律就像知识一样，是社会情形中一个必要的和无所不在的事实。没有任何一个生活领域——不论是家庭或者宗教共同体，不论是科学研究或者政党的内在关系网——能够找到不立基于法律的稳定的社会秩序。"[③]不难发现，法治同样贯穿于市域治理的重要要素之中，实现善治有赖于法治功能的释放与发挥，通过运用法治思维和法治方式不断提高市域治理整体能力。

（一）透过法治为市域社会治理承载多元价值

市域社会治理的一个重要特点在于主体的多元与参与，公民参与不仅可以有效防范权力运行中呈现的"近勤远怠"和"灯下黑"风险，同时对权利保障具有实质意义。然而，大规模的参与也容易导致秩序失控，引发社会危机。在构建市域社会治理共同体过程中，大到一个市、县，小到一个乡村、街道或社区，参与者除了有共同的目标外，时常也会掺有自身的利益诉求。当利益诉求的差异越大时，系统内呈现出的矛盾也就越多，并不断背离治理初衷。此时，法律作为规范化、客观化的公共理性，不仅可以透过行为准则明

---

① 余钊飞：《新时代"枫桥经验"与市域社会治理现代化》，载《人民法院报》2019 年 11 月 22 日。

② 闵学勤：《市域社会治理：从新公众参与到全能力建设——以 2020 抗击新冠肺炎疫情为例》，载《探索与争鸣》2020 年第 4 期。

③ Niklas Luhmann：A Sociological Theory of Law，Beijing：China Social Sciences Publishing House，1999，page 1.

确主体地位和交往规则，还可以通过司法的防线为国家和社会提供集体论辩的场域，成为多元、民主的社会力量合理表达利益需要的场所。① “社会治理要求政府、市场、社会、民众多元主体之间能保持一种良好的关系，并围绕整体目标建构出一个共同生长的空间。由于治理空间和过程必然承载着多元主体的各自利益诉求和目标，因此规范和承载社会治理的法，为更好地向社会治理供给底层代码，也要将其周全的目标向更多元的需求或目标开放。”②

（二）法治为市域社会治理防范化解矛盾风险

郭声琨同志曾指出，市域是守住安全稳定底线的主阵地，也是观察矛盾风险走向的晴雨表，目前一些最突出的矛盾和问题汇聚在市域。一方面，最近数十年的城市化过程，使快速涌入的流动人口与城市发展的有限容量发生了冲突，特别是原有的城乡二元结构随着城市化出现了复杂的延伸和转化，城市社会与农村社会的区域差别在相对更为有限的城市空间中发生了汇合聚变，同一座城市中的人们不得不分属于彼此隔离、相互排斥的“身份—权利—待遇”世界之中，成为当代中国城市化过程中最为棘手的现实。③ 另一方面，城市发展过程中的“短视行为”所带来的环境污染、食品卫生监管、公共危机管理等问题同样不可小觑。应当认识到，随着城市化的不断推进，不平衡、不充分的发展成为市域社会的常态。而此时法治的作用就在于如何在不充分中求平衡，在不平衡中求稳定。法治铺就一种底线的规则与共识，通过搭建一个合理的博弈框架，把社会成员的权利分配与机会分配控制在合适的范围内，为市域治理提供公正底线。此外，法的稳定性不仅给让人们带来行为选择的预期与效益，同时有助于确保现有秩序的和谐有序。法治引领的改革是“稳中求变”，在社会秩序总体平稳，经济基础与上层建筑基本适应的情况下，主要应当依靠法治化解社会主要矛盾，推动社会平衡发展。④

（三）用法治推进市域社会治理改革的顶层设计

作为社会治理全面深化改革的重要成果，市域社会治理改革旨在促进社会向善，但由于摸着石头过河，改革难免带有激进且随意的色彩，并面临先破后立、先易后难、先试点再立制的经历。一方面，改革的过程更重视政策的引领，这种“非正式”且“因地制宜”的特质因具有相当的灵活性而被青睐，但由于缺乏法律思维且具有随意性倾向，难以避免被放任后的“自由”所产生的问题，比如治理中常常存在上有政策下有对策，制度之中有土制度，规则之中有潜规则。⑤ 另一方面，改革常用的自上而下、高位推进、突破常规的

---

① 杨建军：《通过司法的社会治理》，载《法学论坛》2014 年第 2 期。

② 江必新、王红霞：《社会治理的法治依赖及法治的回应》，载《法制与社会发展》2014 年第 4 期。

③ 杨敏：《三元化利益格局下“身份—权利—待遇”体系的重建：走向包容、公平、共享的新型城市化》，载《社会学评论》2013 年第 1 期。

④ 陈金钊：《用法治推进社会平衡发展：化解新时代社会主要矛盾的基本方式》，载《社会科学战线》2020 年第 5 期。

⑤ 季卫东：《法制改革的逻辑》，载《财经》2014 年第 5 期。

激烈措施不仅不能解决旧问题,反而会激发新矛盾。社会改革的战略存在激进主义战略,是一种爆炸式的、跳跃性的制度变迁方式,[①]急速运转的非常状态不仅不利于稳定预期,还会对先行确立的社会秩序造成破坏。为此,十八大以来,中央对改革与法治进行重新界定,用法治方式凝聚改革共识,任何改革都必须于法有据。法治思维有助于防范市域社会治理改革中存在的恣意,并使主体在稳定预期基础上采取长效行动,最终促使改革在平稳中推进。

四、市域社会治理的法治框架

习近平总书记多次强调"法治兴则国家兴,法治衰则国家乱"。党的十八届三中全会正式提出"推进法治中国建设"的战略目标,"法治中国"命题的内在理论展开,某种程度上意味着"一元主义"法治进路的终结和"多元秩序"的制度需求。

市域社会治理法治化的包容既是制度的包容,也是体制的包容,更是秩序的包容,其试图将治理中所蕴含的治理规范、治理空间、治理主体与治理模式纳入包容性的法治轨道上,以此规范社会行为、平衡社会利益、统筹社会力量、防范与化解社会矛盾风险。不仅体现为"包容性"的规范亲和,还表现为国家与社会以全新方式推进法治建设。正式规范与多元规则的互动与包容、多样化的行为方式实现多中心的动态结构、突出社会公众普遍具有的同质均等的权利诉求。具体包括:建立科学完备的市域社会治理法治规则体系;完善市域层面包容性的城乡社会一体化的法律保障体系;以及形成多元共治的市域社会法治共同体。

(一)构建市域社会治理法治规则体系

制度是一个被普遍使用但含义多变的概念,它不仅表现为一种法规、规章在内的正式制度,也可以表现为一种习惯、社会规范等非正式制度,制度是"在社会生活中形成的规范化、系统化、定型化的社会关系体系,通常以社会准则和行为规范的形式展现自己"。[②] 通过分析发现市域社会治理在法治建设中存在"供给不足"和"供给过剩"的现象。因此,对市域社会治理的法治化规约应当既能兼顾法治模式的规范化经验,又建立在一个制度兼容的法治概念上。掺杂了地缘、人缘甚至血缘的市域社会,村规民约、道德评判以及社会习惯都是长期实践和"精挑细选"的结果,其所构成的巨大伦理场域同样深刻地影响着人们的行为模式。为此,不能把市域立法神圣化,强调一种平等的、协商的、对话式的制度融通需要处理好地方立法与其他非正式制度要素间的内在联系。

一方面,设区市立法的张力平衡。现行《立法法》在赋予所有设区的市地方立法权的同时,明确了地方立法权限范围。设区的市地方立法权限范围可以从横向和纵向两个维

① 高信奇:《社会改革的实践范例及其方式选择》,载《重庆社会科学》2009 年第 2 期。

② 桑玉成、孙琳:《论政治运行中的人伦关系与道德基础》,载《南京师大学报》(社会科学版)2012 年第 3 期。

度进行分析。从横向划分看，设区的市地方立法只能就“城乡建设与管理、环境保护、历史文化保护”等方面的事项作出规定；从纵向划分看，设区的市地方性法规可以规定执行性、地方性和先行先试性的事项，但不得涉及《立法法》规定的只能制定法律的事项。此外，设区的市地方立法还不得与上位法相抵触。同时，在实践中还需要进一步明确设区的市人大与其常委会立法权限划分、设区的市地方性法规与本级政府规章立法权限划分以及设区的市地方性法规与上级政府规章的关系。

另一方面，市域社会治理的非正式制度创新。在国家治理体系框架和体制运行条件下，地方治理以改革试验等其他非正式制度方式推进共识以解决具体实践问题的现实主义策略更能有效回应治理中产生的冲突与对抗。一是中央出台政策文件主导各地方法治建设过程中，市域党政部门通过制定贯彻意见，并辅助以公众参与、专家建议等方式形成推动地方法治建设的实践创新。二是在国家没有出台相关的法律法规和顶层政策设计，地方率先进行具有探索性和实验性的市域治理法治化实践创新。三是在市域乡镇、农村、社区和社会组织基层治理法治化的实践和探索过程之中，凸显基层治理的规则之治。

（二）构建市域社会城乡同构法律保障体系

城乡二元体制是特定历史条件下的人为制度选择，在过去如果说这一体制仅存在于城市和乡村两个独立的区域之中，那么随着农村城市化和城市规模化的发展，城乡矛盾已然在二者的中间区发酵，原本城市与农村两个不同区域之间的差距，被压缩在了一座城市、同一个群体空间，它的固化和延伸也造成我国当下市域社会治理中的诸多问题。同在一座城市中生活，在身份、权利、待遇方面却明显不同，这种同城差别造成了同城群体的利益破碎。①

近现代意义的城市历史开始发生，由于经济和社会结构的严重不均衡，造成了城市与乡村的大分流，形成了一般所说的城乡二元化社会结构。以城乡分割的户籍制度为基础实行城乡有别的财税政策、就业政策、住房政策、社会保障政策等，形成了城市与乡村彼此独立、截然不同的治理模式和体制机制。但伴随从传统固化的单位制和二元管制体系中解放出来的城乡居民开始穿越城乡的地域边界而自由流动，城乡差距在更为有限的市域空间中经过聚合，体现在从农村进入城市的地域转移和由农村人变为城市人的社会身份变迁两个方面。城市人口的三重身份，即本地农村户籍人口；本地城市户籍人口；外来流动人口带来了城乡社会利益格局的重新调整，并凸显出在“身份—权利—待遇”的三个世界。一是本地市民、农民和外来人口在政治参与、社会参与、社区参与方面的差异，形成了三者身份上的割裂；二是国家在城市和农村的土地、住房、计划生育等方面实行不

① 杨敏：《三元化利益格局下“身份—权利—待遇”体系的重建：走向包容、公平、共享的新型城市化》，载《社会学评论》2013 年第 1 期。

同的政策，国民的社会权力和义务体系形成了切割；三是外地市民与本地市民在劳动报酬、子女教育、社会保障上不能享有同城待遇。[①] 为此，市域社会的法治化建设必须正视这一现象，并在身份—权利—待遇三个方面实行同质化的法律保障。“城乡同质化”的法律保障即市民、农民、外来人口在权利的平等保护，在身份差异的消除，在城乡待遇的弥合上，通过改革户籍法律制度（积极稳妥地推进户籍法律制度改革、保障公民自由迁徙的权利）、完善土地法律制度（保护农民的土地财产权利、完善土地征收补偿法律制度）、强化社会保障法律制度（城乡统筹的社会保障政策、提高城乡基本公共服务均等化水平）的方式平抑不公、消除区隔、缩小同城差距，并不断促进三大人口在利益诉求上的相互包容、开放和共享。

（三）推进市域社会法治共同体多元共治

在全面依法治国的新格局下，市域社会治理的共建共治实际上意味着一个体系化、平衡性、包容性的变革与发展的复杂工程。伴随着公民政治理性及利益诉求聚合为具有一定普遍意义的权利主张，自治的内在张力也不断扩张，市域社会治理俨然成为一个复杂的社会政治现象。一方面，权力合理配置，留足弹性空间；另一方面，培育社会力量，塑造合作品质，通过共同体的构建来消弭原子化社会的隔离，在群体聚合中展开共同的行动，从而形成双向构建、多元包容、共建共治的市域社会治理秩序。市域司法理论的功能在于回应市域社会的秩序需求，要从市域层面化解社会矛盾、解决社会纠纷着手，着眼于群众多元化的利益诉求，从工具化司法逐步转向权利化司法，构建符合市域经济、社会发展特点的多元矛盾解决机制。

市域治理的共同体应是超越差异分工界限、超越植根于传统集权型国家所致的政府与公民歧见，既高度集中又充分自由，共同体包括公民个人、家庭、社区、非政府公共组织、国家机关等不同层次的复合体。一方面，在市域治理中提升治理能力并不等于强化政府权力，而必须通过合理界定国家权力的事项范围和国家权力的作用程度，通过国家治理制度化、规范化和程序化，保证国家权力能够有效地通过对社会渗透，转化为解决各种问题的能力。另一方面，增强以社会自治权为核心的社会治理能力。这种能力不仅具有个体意义上的“实质”自由，更具备共同体层面的“自我”管理的能力。治理的重心下移，透过社会多元力量在生活权利、话语表达、利益诉求、公平机会、安全保障、秩序机制等方面的共进、包容、平衡与分享，整合民间力量与国家的互动合作，进而塑造国家、社会、社会力量多元包容、共建共享的动态治理秩序。

市域社会治理更加强调相互交往时的协作互助、和睦相处，但这并不意味着不会发生纠纷或冲突。源自人的个体性而不可避免的差异分工，必然导致市域治理共同体中各

---

① 杨敏：《三元化利益格局下“身份—权利—待遇”体系的重建：走向包容、公平、共享的新型城市化》，载《社会学评论》2013 年第 1 期。

法律关系主体在涉及利益平衡及资源分配问题时发生冲突,因此市域治理纠纷解决机制应当是多元的,这也是破解社会矛盾外溢的选择。尊重市域治理的本土资源,寻求国家制定法和民间法的相互妥协合作,发挥司法与其他调整机制的相互合作。乡村、社区司法供给体制仍然发挥着不可替代的作用,区、街道、社区(乡、村、组)三级干部继续承担着主要的解纷职能,由此形成市域治理纠纷化解的多元解纷构造,即从多元诉讼解决机制的角度出发,从工具化司法向权利化司法转变。一方面,肯定其他国家机关、乡村、社区组织在自己职责范围内解决纠纷的权威性,宏观层面形成由地方调解与基层法官司法裁断的司法共同构成。另一方面,基层法官司法的微观层面不能忽略生活中的地方性正义,基层法官在司法时应当对此予以回应,由此实现共同体纠纷解决功能的自足性。

案件事实的解构与重塑

——刑事有效辩护的基础路径

蔡　栋*

摘要：刑事诉讼是诉讼参与各方利用已有证据，对案件发生时的事实进行认知与推论，塑造案件事实，表明自己主张，追究刑事责任的过程。律师的有效辩护应当建立在完全解构他方所塑造的案件事实的基础上，对案涉证据予以全面评析、综合衡量、正确取舍，以科学的方法重新塑造案件事实，最大限度地维护好犯罪嫌疑人（被告人）的合法权益。

关键词：案件事实　重构事实　有效辩护

刑事追诉引发于实害结果或危害情形的产生，主要目的在于惩戒对这种结果或危险负有责任的主体，保护刑法规范所确定的法益。"以事实为根据，以法律为准绳"作为《刑事诉讼法》的原则之一，指明了事实是认定案件性质的根据、是适用法律的前提和据以裁判的基础，是整个刑事诉讼过程的基本遵循。正如美国证据法学家艾伦教授指出的，事实先于权利和义务而存在，并且是权利和义务之决定性因素。没有准确的事实认定，权利和义务就会失去意义。① 因此，保障事实认定的准确性，是各国刑事诉讼制度所应有的使命。

一、案件事实的界定

对于事实的争论由来已久，无论是在本体论与认识论上，还是在哲学、社会学与心理学等学科上，由于研究领域的不同、观察视角的不同、认知基础的不同，在对待事实的认

---

* 蔡栋，北京市尚公（南京）律师事务所律师、高级合伙人，尚公刑事法律事务南京中心主任。

① ［美］罗纳德·J. 艾伦：《艾伦教授论证据法》（上），张保生等译，中国人民大学出版社2014年版，第3页。

识上都存在较大分歧。对此,英国哲学家伯特兰・罗素表示,“严格地说,事实是不能定义的”。[①] 对于事实的界定已经如此之难,若要在刑事法律规范的视域下厘清事实、客观事实、案件事实、法律事实、要件事实、量刑事实之间的关系,并对案件事实予以明确的定义也必将是一件困难的事。“中国的刑事司法哲学,一直将‘客观事实’与‘案件事实’等同起来,以为每个案件都存在着一种可以认识的‘客观事实’。”[②]对此,美国学者罗斯科・庞德也曾说过,“这是司法上由来已久和最难解决的问题之一”。[③]

案件事实,是本体论所认为的客观实在,还是认识论所认为的主体对客观事物、事件及其过程的反映与感知?笔者赞同应从认识论的角度对案件事实进行解读。“事实是人对呈现于感官之前的事物或其情况的一种判断,是关于事物及其情况的一种经验知识亦即是关于客观事物的某种判断的内容,而不是客观事物本身”。[④] 案件发生时的事实,是已然事实,属于历史范畴,是存而不在的客观事实。“对于一个历史事实,我们可以首先确定它的一般特征,然后确定它更加精细的细节,直至确定它所涉及的人物的个别姿态和思想,但是要完完全全地确定这一事件及其原因仍然是一个只能不断接近而永远达不到的目的;诚然,知识按其本质来说是一个永无止境的过程,但是这一过程不可能达到的目标不是绝对的事实而是对事实的绝对知识。”[⑤]它是亲历者所感知的对象,是用案件发生后遗留痕迹证明的对象,也是为使非亲历者获得感受所要描绘的对象。在进入刑事诉讼程序之后,案件发生时的事实被塑造出的景象就是案件事实,这种塑造从侦查阶段起初已经开始,将会一直延续到审判阶段,也将涉及诉讼中的每一个参与主体。

二、案件事实的可塑性

“诉讼中最经常与争议相连的是事实问题而不是法律问题。”[⑥]案件事实是认识的结果,是由诉讼参与主体根据自身的判断而建构描绘出来的,因主体的不同所呈现的景象也不尽相同。美国大法官米勒就曾坦言:“在我的经验中,由九名法官组成的美国最高法院在开会时,我惊奇地发现,这些法官们经常很容易在法律问题上达成一致,同时,也经常在事实问题上意见不一。”[⑦]这也表明,案件事实是一种认识论上的事实,是将客观事实作为认识对象,通过人的认识所形成的事实判断。之所以会有意见不一,那是因为“事实具有客观实在性,是不以人的意志为转移的,而人的感知受主体、客体以及认识工具等多

---

① [奥]路德维希・维特根斯坦:《逻辑哲学论》,贺绍甲译,商务印书馆 1996 年版,第 7 页。

② 陈瑞华:《看得见的正义》,北京大学出版社 2013 年版,第 168 页。

③ [美]罗斯科・庞德:《通过法律的社会控制》,沈宗灵、董世忠译,商务印书馆 1984 年版,第 29 页。

④ 彭漪涟:《事实论》,上海社会科学院出版社 1996 年版,第 3 页。

⑤ [德]石里克:《普通认识论》,李步楼译,商务印书馆 2005 年版,第 437 页。

⑥ [美]卡多佐:《司法过程的性质》,苏力译,商务印书馆 1998 年版,第 80 页。

⑦ [美]杰罗姆・弗兰克:《初审法院——美国司法的神话与现实》,赵承寿译,中国政法大学出版社 2007 年版,第 50 页。

方面因素的制约,对事实的把握有一个过程,因而在现实中人对事实的感知完全可能偏离事实真相”。①

这种对案件事实的塑造是必要的,也是不由自主的,它有利于发现真相、有利于检验证据、有利于据实裁判。“裁判中的事实认定过程,是在重建那些过去发生的无法被直接观察到的事件。裁判者必须对后顾性的事实问题,简言之‘发生了什么?’提供权威性答案。”②案件事实总是由人的感官和思维所认识的,具有客观反映性、个体经验性和主观陈述性的特征。随着程序不断推进、证据不断呈现,每一个阶段、每一位诉讼参与主体对案件事实的塑造都在发生着变化。但是建构描绘案件事实并不能天马行空、为所欲为,塑造的过程应受到遵照刑事法律规范的约束。

无论塑造案件事实的主体站在何种立场,建构描绘案件事实的过程都是塑造者运用证据,通过感知和思维在头脑中推论形成景象的过程;同时,这种景象又取决于主体认知证据与建构事实的能力。认知能力和建构能力因人而异,既是塑造案件事实的决定因素也是塑造案件事实的不确定性因素,案件事实正是在这两种具有变量因素的交织作用下产生的。“真正绝对的真实,只有在神的世界才可能存在,在人的世界中,真实毕竟不过是相对的。诉讼领域中的真实当然也不例外。”③

三、解构与重塑案件事实的要点

案件事实的解构就是还原塑造案件事实主体建构描绘这一景象的过程,把握其对证据的采信和推演的思维,找出其使用证据和进行推论时所存在的问题,从而否定其所塑造出的案件事实全部或部分。解构案件事实要遵循一个重要原则,即先掌握案涉证据再了解构建主体,先分析客观性证据再分析主观性证据,先了解建构主体外在关系再探究内在思维。除此之外,还应把握以下几点:

(一)正确把握证据的信息性

“一场刑事审判首先且最重要的是一个认识引擎,一种从最初常常是(相互冲突证据的)混乱集合中寻求事实真相的工具。”④认知证据,关键在于如何看待证据。证据来自案件发生时的事实,承载着案件发生过程中的各种相关信息,这些信息或是被亲历案件发生时的人感知而记忆,或是案涉物体相互作用被遗存物体所承载,或是在案件发生时被图像符号所记录;同时,这些信息也只能呈现或反映案件发生时的事实的一部分。然而,这些被承载着的信息要起到证明作用,让案件发生时的非亲历者读取并感知,就需要将

---

① 孙伟平:《论事实》,载《社会科学家》1997 年第 5 期。

② Alex Stein: *Foundations of Evidence Law*, New York: Oxford University Press, 2005, p. 34.

③ [日]团藤重光:《刑事诉讼中的主体性理论》,载《日本法学家》1988 年第 4 期。

④ Larry Laudan, Truth, Error, and Criminal Law (Cambridge: CUP, 2006), p. 2. 转引自 Ho Hock Lai, A Philosophy of Evidence Law Justice in the Search for Truth, New York: Oxford University Press, 2008, p. 47。

这些信息传递给非亲历者。

对于存在亲历者记忆中的信息，在其通过语言陈述传递信息时，因个体在案件发生时的处境与视角的不同，感知事物能力、大脑记忆能力、语言表达能力的不同，不同亲历者传递的信息具有显著差异；加之因陈述时间与环境的不同，同一个亲历者所传递出的信息也不尽相同。另外，还应警惕“语言经常游离于现实，背叛现实，歪曲现实。在侦查与审判中的语言也是一样的。语言可以建构出现实中没有的故事，使其像现实中的故事一样栩栩如生”。[①] 对于承载着案件发生时信息的物体，要读取其所蕴藏的信息，通常需要专业的检查或鉴定予以提取，而不同的检查、鉴定人所提取的信息也存在不同。这表明，证物中所承载的信息具有一定稳固牢靠性，但提取信息的人不同，所呈现的信息内容并不一致，这也是需要专家辅助人提供帮助的原因所在。从人的认识来讲，“审判中的证言和物证展示，在由人类观察者——法官或陪审团成员——解释之前是没有意义的。而且，对任何证据片段的解释都不能预先认定，因为它是事实认定者的阅历和经验所发挥的功能。”[②]即使是同一信息，不同的感知者对信息的理解也存在差异。在同一信源传递的信息存在变化与不同主体认识同一信息存在差异的情况下，对于重塑案件事实提供了基础。这也表明，诉讼过程中所呈现的各种证据都不具有所谓的“客观性”，所有的证据提供的信息都值得怀疑；任何一方所塑造的案件事实仅具有盖然性，都不能完整反映案件发生时的事实。辩护方在重塑案件事实时依然存在同样的问题，若要使展现的案件事实获得其他各方大多数人的认同及确信，在一定意义上就要先在生活常识、社会经验、语言含义、科学规律、法律规范、推论逻辑等方面与他们求得共识，才能以期将塑造出来的案件事实，在更广泛的程度上得到与诉讼参与人及社会大众认可。

（二）破除违反认识规律的程式

塑造案件事实的过程是一个体现认识客观事物规律的过程。案件发生时的事实被记录的载体无非是人与物，确切地说是形成了证人和证物，其中一个产生了主观性证据，另一个产生了客观性证据。主观性证据一般具有直接证明的作用，客观性证据则体现着间接证明作用。对于侦查人员而言，由于职责所在更倾向于获取“证人证言”或“口供”这些直接证据，以便于在较短的时间之内锁定犯罪嫌疑人、获取定罪证据、认定犯罪事实，取得侦破案件的效果。然而，审判思维应有别于侦查思维。就目前的庭审而言，法庭调查也是从讯问被告人开始，然后是证人、鉴定人，最后是物证、书证及其他作为证据使用的文书等。这种庭审程序无疑强化了侦查的思维，不利于法官对证据的审查判断及对案件事实的建构，却更容易使审判结果与控诉方保持一致。这种庭审程序的设定违背了对案件事实认知的规律，没有遵循先客观再主观的思维规律，不能够体现程序的正当性。

---

① ［日］浜田寿美男：《自白的心理学》，片成男译，中国轻工业出版社 2006 年版，第 160 页。

② 罗纳德·J. 艾伦等：《证据法：文本、问题和案例》，张保生等译，高等教育出版社 2006 年版，第 143 页。

在“审判上所待解决的争议,多是过去事实。事实一经过去,永不复返。虽不一定是春梦无痕,也往往是如过烟云。吾人凭借各种推理的方法,把已经过去的事实,重新在审理事实的人心目中构成一幅图画。如非极端谨慎,这一幅构成的图画,便可能与当初事实的真相发生重大的出入,或发生以偏赅全之弊”。①

作为辩护律师,重塑案件事实要避免采用庭审法庭调查模式,应坚持从客观性证据到主观性证据审查的顺序,依据《刑事诉讼法》对证据种类的划分,依次为物证、书证、视听资料、电子数据、鉴定意见、勘验、检查、辨认、侦查实验等笔录、证人证言、被害人陈述、犯罪嫌疑人、被告人供述和辩解。先从客观性证据着手主要考虑到,客观性证据一般属于间接性证据,其证明力无法及于整个案件事实,必须与其他证据相连接形成证据链条以整体的形式予以展现。对于主观性证据,特别是犯罪嫌疑人(被告人)供述和辩解、证人证言,这类证据都属于直接证据,对整个案件事实都有着一定的证明力。如果先从主观性证据入手,辩护律师本人也易于陷入先入为主的境地,不利于重塑出对犯罪嫌疑人(被告人)有益的案件事实。

另外,对于从侦查阶段接受委托开展辩护的案件,案件事实的塑造更多的来自犯罪嫌疑人。因在该阶段律师无法接触客观性证据,所有有关案件信息皆来自包括犯罪嫌疑人在内的个人言辞,以及一种当然存在的案件后果。辩护律师在提供法律帮助时,应当告知犯罪嫌疑人塑造案件事实的方法和对证据辨析规则,明确涉嫌罪名及相似罪名的犯罪构成要件;同时,在此过程中应严禁教唆犯罪嫌疑人作虚假陈述、制造伪证,让犯罪嫌疑人自我塑造出的案件事实更具有说服力。此外,在侦查阶段,辩护律师还应在现有法律的规定内,视情积极开展案件调查取证工作,并在有限的范围内对局部案件事实进行塑造。

(三)探究案件事实建构者推论的合理性

案件事实的建构者,由于在生活背景、社会经验、知识结构、表达能力、工作立场、价值观念及思维水平的不同,特别是在工作立场和价值观念上的不同,极易造成对案件事实塑造的不同(即使是细微之处的不同也将会影响整个案件的进程)。特别是在诉讼过程中对诉讼结果起着决定性作用的控方与法官,在其司法证明中还部分存在一定的独断性思维。在康德看来,“权力主体的独断性并非独断论的根本症结,恰恰是那些看似正当、实质独断的判断句式和话语表达经常被人们自觉不自觉地接受”。② 基于证据对案件事实推理的作用,我们应特别关注“事实推理有其独特的发现事实的逻辑推理过程:发现事实的基础是证据,但证据推理案件事实依据的却是普遍接受的人类常识”。③ 在塑造案

---

① 李学灯:《证据法比较研究》,台北,五南图书出版公司 1990 年版,第 689 页。

② See Immanuel Kant, Critique of Pure , translated by Paul Guyer & Allen Wood, Cambridge University Press, 1998, p. 649.

③ 宋英辉主编:《刑事诉讼原理》,法律出版社 2007 年版,第 22 页。

件事实的推理过程中,并非每一个塑造者都精通逻辑,若其不能对自身建构描绘案件事实的推导过程进行说理,就绝不能允许其肆意将某一证据或某一证据组合,甚至对整个证据链条赋予证明力。

对于刑事案件的侦查人员来讲,他们更有机会走入案发现场、走近案件当事人、亲身体受案件造成的损害、容易产生强烈的心理刺激,加之负有侦破案件的职责,故其在发现证据、固定证据之时就已经在对案件事实进行着塑造,这既有利于侦破案件工作的开展,同时也容易对塑造案件事实差生实质性偏差。侦查人员的思维是“大胆假设,小心求证”,一旦形成案件事实景象、对犯罪嫌疑人作出具体描绘,那么这种景象会得到侦查人员的内心确信并得到持久的维持,往往会对不符合自己假设的证据“充耳不闻,视而不见”。有些情况下,一旦侦查人员形成确信后又无法以现有证据来支持其确信时,有可能会实施干预性措施制造出符合其确信的相关证据,这些证据在一定程度上难以纠正,致使“犯罪嫌疑人(被告人)”身陷囹圄或命赴黄泉。近几年被曝光出的大部分冤假错案皆是因此而产生的。

辩护律师要勇于怀疑每一个被使用的证据、证据组合和其搭建的证据链条,以及建构描绘案件事实的推论过程。“真正的否定必须渗透进对方的据点,用对方自己的理由来否定他自己;如果从别的什么地方攻击他,则会引起不便,并且不是真正地击败他。”①辩护律师要塑造案件事实,首先要从其他各方塑造案件事实者的角度,查究每一位塑造者在推论案件事实时的思维贯通性、一致性,辨析证据与案件事实之间的关联性及可采性。对此,一定要形成对立的竞争格局,将每一方塑造出来的案件事实都视作可废除的假设,尽力质证每一个证据及其对应的局部事实,并探究每一细节具有的可能性,塑造出更多的局部案件事实。这样,局部案件事实具有的可能性更多,且只有当这种对抗性案件事实的数量越多,排除掉的错误性案件事实就会越多,穷尽一切可能的机会就越大,余下的案件事实的质量才会更好,才能使案件事实在诉讼规则的调剂下更加趋向于公平公正。

四、充分发挥解构与重塑案件事实在辩护中的作用

刑事辩护相对于刑事追诉具有后发性,是制约刑事追诉中国家强权、保障犯罪嫌疑人(被告人)权利的有效举措。“有罪抑或无罪,是一个具有客观真实性的问题,即被告人事实上有没有实施所指控的犯罪行为。从被告人最初被怀疑是否有罪,到最终判决其是否有罪,我们设计了一套刑事司法制度,以使事实裁判者能够依据法律发现真相。”②在刑

① G. W. F. Hegel, The Science of Logic 581(A. V. Miller trans. ,1969).转引自[美]丹尼斯·M. 帕特林:《法律与真理》,陈锐译,中国法制出版社 2007 年版,第 31 页。

② 刘易斯·鲍威尔大法官在布林顿案中的反对意见,451U. S. 430(1981)。

事法律规范的指引下，辩护律师应善于在诉讼进程中寻找共识、促成共识，识别差异、利用差异，围绕着保障犯罪嫌疑人（被告人）的权益积极与诉讼各方达成共识，并突出对案件认识的差异性，使其他诉讼参与人更加确信辩护律师的主张，并直接影响案件在诉讼程序中的结果。

一般而言，刑事案件经由侦查机关初查予以立案或直接立案的基础是，要有证据证明确有刑事法律规范规制的实害结果或危险产生。一旦立案进入侦查程序，显然案件事实已经成为历史，对案件的认识皆来自侦查机关在推进侦查过程中所有的获得，这其中既包括对所收集各种类证据的认知，也含有侦查人员在侦查过程中由案发现场状况所激发、社会舆论环境所感染、工作机构氛围所影响等心理状态。此时侦查人员所塑造的案件事实是初步的，案件事实的景象是会随着侦查工作的深入发生不断变化的。当案件进入审查起诉阶段，公诉人更专注于对证据的审查判断，结合犯罪构成和侦查机关塑造的案件事实进行重塑。鉴于现状，公诉机关塑造的案件事实一般大体上会维系侦查机关的塑造结果，从而将案件推向法庭。按照现有的庭审模式，法官也是极易陷入先入为主境况，最终使在侦查阶段所塑造的案件事实在法庭上得以认可。

这一现状的形成，原因是多样的，其中更为突出的是辩护律师没有充分的调查权，无法获取更多的案涉证据来塑造辩方的案件事实；再者是缺乏对直接证据进行质证的机会，无法破除一个对整体案件具有证明作用的证据。在此现实条件之下，把握证据、重构事实就成了刑事有效辩护的基础性路径。

作为辩护律师，要明确的是无论在侦查阶段还是在审查起诉阶段，办案机关都有权决定是否将追诉活动进行到底，至于是否作出追诉与不追诉的决定，其必将根据刑事法律规范，利用证据塑造案件事实，以判断是否符合继续追诉的条件。“刑事追诉的直接目的，在于确认被告人是否犯有一定的犯罪事实。这里所说的犯罪事实，是符合犯罪构成要件的事实。刑事程序一开始就是以某种构成要件为指导形象去辨明案件，并且就其实体逐步形成心证，最终以对某种符合构成要件的事实达到确实的认识为目标。这就是刑事诉讼中的实体形成过程。如果从证据法的观点来讲，刑事诉讼中的主要证明事项就是构成要件事实”。[①] 对于辩护律师而言，辩护中不仅要查核现有证据的相关性和可靠性，对应实体规范考察要件事实，还应主动延伸案件事实发生时的时空，在时间与空间两个维度上寻找要素性信息，即一定要观察到比案件发生时的事实所占据的时空更广的时空维度，从而获取比案件发生时的事实所涵盖的信息更广的信息，最大限度地发挥律师的辩护效能。

在此基础上，还应对以下几种情形有所认识：

第一种情形：以辩方塑造的案件事实达到终止追诉的目的。刑事追诉本身就是一个

---

① ［日］小野清一郎：《犯罪构成要件理论》，王泰译，中国人民公安大学出版社 2004 年版，第 241 页。

假设并求证的过程,即犯罪事实是否发生、是否为犯罪嫌疑人(被告人)所为。要终止追诉就要以确实可信且相关性强的证据,建构描绘出案件事实根本就没有发生;即使真实发生,也绝不是犯罪嫌疑人(被告人)所为;再或者,虽为犯罪嫌疑人(被告人)所为,其也存在违法阻却事由或责任阻却事由。

第二种情形:以辩方塑造的案件事实达到增强合理怀疑的目的。《刑事诉讼法》中对证据标准作了明确规定,即事实清楚,证据确实、充分。满足该标准的条件是:定罪量刑的事实都有证据证明;据以定案的证据均经法定程序查证属实;综合全案证据,对所认定事实已经排除合理怀疑。在终止诉讼进程无望的情况下,要对案涉全部证据予以审查,在所塑造的案件事实上突出案件事实虽已发生,但存在非犯罪嫌疑人(被告人)实施可能性,并增强可能存在他人所为的盖然性,形成合理怀疑,以致达到无罪推定的效果。

第三种情形:在不能实现终止诉讼和增强合理怀疑的情况下,塑造出符合其他罪质较轻犯罪构成的案件事实或同一罪名量刑较轻的案件事实。在被追诉一个较重罪名的情形下,通过塑造一个符合罪质较轻罪的要件事实,从而降低刑罚处罚度;在案件事实已经符合一罪犯罪构成的情形下,应塑造出符合量刑格次较低一档的案件事实。

第四种情形:在符合犯罪构成的情况下,塑造犯罪嫌疑人(被告人)从轻从宽或免除刑事处罚的案件事实。案件事实是定罪量刑的基础,其本身就含有量刑的具体事实,在塑造案件事实时应着重把握。同时,在追诉过程中产生的程序性事实,如自首、坦白、立功等,也应纳入案件事实在时序的延伸上,从而将案件事实的塑造一直延伸至法庭,并始终围绕着被追诉人来塑造。刑事辩护并不是无中生有、强词夺理,在辩方通过塑造案件事实得出犯罪嫌疑人(被告人)有罪并担责的情况下,要适时建议犯罪嫌疑人(被告人)认罪认罚,从而达到从宽处罚的目的。

在刑事诉讼进程中,每一个阶段都在对案件事实进行着塑造和认定,并将绘构的案件事实作为对案件性质与案件当事人衡量制裁的基础。通过以上四种情形对案件事实的塑造,可以看出"无罪无责—有罪免责—有罪担责"每一个目的的实现都需要辩护律师对案涉全部证据、所有诉讼参加者进行充分有效的分析,将辩方重塑的案件事实建立在可靠的证据支持和合理的推论基础上,对控方的主张予以证伪或者通过证明达到存在合理怀疑的效果,直接影响法官对证据的取舍和由其所建构的事实,使最终被认定的案件事实更大程度上趋于有利于被告人。

事实是诉讼的基础,证据是诉讼的根本,以证据推论建构的事实才是案件裁判的依据。辩护律师要能充分发挥质证能力,在纷杂的证据之中去伪存真,要强化对案件事实的解构,塑造更为准确的案件事实,让公平正义体现在每一个具体案件之中。

刑事附带民事公益诉讼的本质厘清、功能定位与障碍消除

苏和生　沈定成*

摘要：刑事附带民事公益诉讼与刑事附带民事诉讼、检察民事公益诉讼在法理上具有某些共通性，但仍然存在根本的区别，其本质上属于民事公益诉讼。刑事附带民事公益诉讼制度蕴含着三重基本功能，针对刑事附带民事公益诉讼程序规则中面临的一系列障碍，应当在考察司法实践及反思理论根基的基础上对其予以消除。即遵循《民事诉讼法》及其司法解释中关于级别管辖、地域管辖之规定，将超过基层法院管辖标的额范围的案件和海洋生态环境保护类案件作为适用刑事附带民事公益诉讼程序的例外；将“保持刑事被告人和附带民事公益诉讼被告同一”作为启动刑事附带民事公益诉讼程序的前提要件；将履行诉前公告程序作为原则，不履行作为例外；将人民陪审员和法官组成的七人合议庭确定为一审程序审判组织。

关键词：刑事附带民事公益诉讼　本质属性　功能定位　程序规则

一、引言：问题的缘由

党的十八届四中全会便提出要“建立健全检察公益诉讼制度”，之后在总结了为期两年的检察公益诉讼改革试点工作经验后，最高人民法院和最高人民检察院于 2018 年联合出台了《关于检察公益诉讼案件适用法律若干问题的解释》（以下简称《检察公益诉讼解释》），该解释第二十条首次在规范层面上对刑事附带民事公益诉讼作了规定。自该制

---

* 苏和生，南京师范大学法学院硕士研究生；沈定成，南京师范大学中国法治现代化研究院研究员、江苏省法学会研究处副处长、法学博士。基金项目：本文系江苏省“333 高层次人才培养工程”科研资助项目“政府信息公开司法审查制度研究（BRA2020274）”阶段性成果。

度确定以来,涉及刑事附带民事公益诉讼的案件数量急剧增加。① 由于《检察公益诉讼解释》对该制度的规定过于原则化、模糊化、宽泛化且学界对该制度关注度明显不够,②使刑事附带民事公益诉讼制度在理论研究方面和司法操作方面仍然遭受着桎梏,需要从理论层面对刑事附带民事公益诉讼的本质属性予以清晰厘定,对其基本功能予以准确定位;同时,还需要从实务操作层面对制度运行情况予以详细考察,提出消除制度运行系列障碍的举措,优化刑事附带民事公益诉讼的制度设计。

二、厘清:刑事附带民事公益诉讼的本质属性

(一)刑事附带民事公益诉讼与刑事附带民事诉讼

大多数情况下,刑事附带民事诉讼制度投射的是刑事公诉和民事私诉的联系,而刑事附带民事公益诉讼制度投射的则是刑事公诉和民事公益的联系。刑事附带民事诉讼的法律依据是《刑事诉讼法》第一百零一条,该条规定了附带民事诉讼保护的客体包括“国家财产、集体财产”。刑事附带民事公益诉讼的条款依据则是《检察公益诉讼解释》第二十条,其指出刑事附带民事公益诉讼的诉讼客体为“生态环境和资源保护、食品药品安全领域中众多消费者合法权益等社会公共利益”。生态环境、食品药品安全中众多消费者合法权益等可以通过扩张解释将其纳入“国家财产、集体财产”的范围内,但事实上,生态环境、食品药品安全领域所保护的法益除了强调物质性、财产性价值追求外,往往还涵盖非物质性、精神性层面的属性。比如,生态环境和资源保护领域中,在生态环境遭受侵害时,公益诉讼人既可以要求加害方及时补救、恢复生态环境,还可以主张要求其公开赔礼道歉;食品药品安全领域中,侵害众多消费者合法权益而造成的损害常常既包含物质性损害也包含精神性损害。两者对比可知,刑事附带民事诉讼中“公共利益”之范围无法完全涵盖刑事附带民事公益诉讼中所保护的法益,也即《刑事诉讼法》规定的刑事附带民事诉讼无法接替刑事附带民事检察公益诉讼来实现检察公益诉讼制度的实践性、多元性、纵深性发展的需求。

(二)刑事附带民事公益诉讼与检察民事公益诉讼

刑事附带民事公益诉讼与检察民事公益诉讼有许多交叉共同点,涉及的案件类型都是“生态环境、食品药品安全领域”。刑事附带民事公益诉讼针对“损害社会公共利益的犯罪行为”,检察民事公益诉讼针对“损害社会公共利益的行为”。其中的“犯罪行为”可

---

① 据最高人民检察院的数据汇总,2018 年 1 月到 11 月,全国范围内立案的检察公益诉讼案件共 89,523 件,提起诉讼的共 2560 件,其中仅刑事附带民事公益诉讼就有 1954 件,占 76.33%。由此可见,刑事附带民事公益诉讼已经是检察公益诉讼的主要案件来源。程建玲:《检察机关提起刑事附带民事公益诉讼的现实困境与制度完善》,载《检察调研与指导》2019 年第 1 期。

② 笔者以中国知网为检索工具,以“刑事附带民事公益诉讼”为关键词进行检索,截至 2020 年 6 月 25 日,仅检索到 7 篇 CSSCI 文章。

归属于广义的侵权行为，从这一层面看，两者的受案范围也相同。存在较大差异的是两种诉讼程序开始的先决条件：刑事附带民事公益诉讼以发生犯罪后检察机关提起公诉为先决条件，是否履行诉前公告程序存在较大争议；而检察机关提起民事公益诉讼则是以履行诉前程序后法律规定的机关或组织未提起诉讼为先决条件。究其原因，《检察公益诉讼解释》仅仅在第二十条确立了刑事附带民事公益诉讼制度，对于其他程序规则未曾提及。笔者通过裁判文书网检索发现，从2018年《检察公益诉讼解释》出台至今，许多检察机关在刑事附带民事公益诉讼的起诉书中仍然以《刑事诉讼法》第一百零一条（刑事附带民事诉讼的提起）作为起诉的根据，表明目前实务中并未将履行诉前公告程序作为启动附带民事公益诉讼的必要性前置要件。

（三）刑事附带民事公益诉讼的本质是民事公益诉讼

刑事附带民事公益诉讼的本质是民事公益诉讼，《民事诉讼法》为刑事附带民事公益诉讼制度的合法性、正当性基础正本清源。从规范层面出发，借助体系解释和合目的性解释的角度视之，《检察公益诉讼解释》第二十条正式确立了刑事附带民事公益诉讼制度，《检察公益诉讼解释》第一条指出"为正确适用《中华人民共和国民事诉讼法》关于人民检察院提起公益诉讼制度的规定，结合审判、检察工作实际，制定本解释。"第二十条是被置于《检察公益诉讼解释》"二、民事公益诉讼"之中，由此可推知最高人民法院和最高人民检察院并未将刑事附带民事公益诉讼作为独立而特殊的一项新的检察公益诉讼类别，而是选择将其归类于民事公益诉讼类型中，即刑事附带民事公益诉讼本质上属于民事公益诉讼。此外，《检察公益诉讼解释》第二十六条规定"本解释未规定的其他事项，适用民事诉讼法、行政诉讼法以及相关司法解释的规定"。由此可知，《刑事诉讼法》及相关司法解释在检察公益诉讼领域是被排斥适用的。追根溯源，综观《检察公益诉讼解释》的体系全貌及出台目的，《刑事诉讼法》不能承载此重，其并非刑事附带民事公益诉讼制度的法律规范来源。追根溯源，我们认为应当将《民事诉讼法》断定为刑事附带民事公益诉讼裁判的规范依据。理由如下：其一，以《民事诉讼法》作为刑事附带民事公益诉讼制度的适用根基在保证起诉方拥有物质损害赔偿请求权之时，还赋予其精神损害赔偿请求权（如要求加害方赔礼道歉），可以填补刑事附带民事诉讼中"精神损失性赔偿"之漏洞，[①] 使国家财产、集体财产之权益受保障之力度更加充分化、多元化。其二，有利于消解"是否适用诉前公告程序"的误解，防止不适用诉前程序而导致诱发无端的例外情况。"诉前公告程序谦抑性、前置性、补位性之特性使得检察公益诉权能够科学、规范地运行，并且阐明了民事公益诉讼主体范围扩张的正当性。"[②]保留诉前程序是贯彻检察公益诉权必要

① 《最高人民法院关于适用〈中华人民共和国刑事诉讼法〉的解释》第一百三十八条第二款规定："因受到犯罪侵犯，提起附带民事诉讼或者单独提起民事诉讼要求赔偿精神损失的，人民法院不予受理。"

② 苏和生：《检察机关提起环境民事公益诉讼制度之困境与重构》，载《社会科学动态》2020年第2期。

性和后补性的内在要求,保障着适格公益诉讼主体诉讼权利的正当、顺畅行使。其三,有利于实现审判组织的固定化、确定化,促进刑事附带民事公益诉讼程序的民主性和公正性。若将《民事诉讼法》作为刑事附带民事公益诉讼的裁判依据,人民法院可直接据《人民陪审员法》第十六条第二项"根据民事诉讼法提起的公益诉讼案件"之规定而应当适用七人合议制。由此可规避法官据《人民陪审员法》第十六条第三项判断是否应当适用七人合议制之烦琐评估的风险(下文将对此进行详细论证)。简言之,将刑事附带民事公益诉讼的本质定性为民事公益诉讼并遵循《民事诉讼法》的相关规定是刑事附带民事公益诉讼制度得以推行的正当性、合法性基础,是促进刑事附带民事公益诉讼程序正常、稳健运行的应有之义。

三、定位:刑事附带民事公益诉讼的基本功能

(一)程序性功能:节省诉讼资源,增强司法效益

效益本来是经济学中的概念,随着经济学对法学的渗透和影响,在法律事务及法学研究中重视效益的作用已经成为发展趋势。"效益所反映的是成本与收益的比值关系,比值越小则效益越高,比值越大则效益越低。"①"诉讼程序所投入的成本可以从当事人和法院两方面来看,涵盖当事人参与诉讼所投入的时间、精力,也包括法院的审判损耗、人力投入、诉讼费用等;收益也是如此,不但包括裁判下达后可实现当事人物质性或精神性诉讼主张的功效,而且包含调整法律关系、维护社会秩序、定分止争的作用。"②根据《检察公益诉讼解释》的规定,在提起刑事公诉的同时可一并提起附带民事公益诉讼,这可以有效避免独立的刑事公诉程序和民事公益诉讼程序分离进行而产生的程序反复、司法浪费,仅仅通过一个程序就可化解性质相异的纷争,也可保障刑事领域和民事领域在证据采纳、事实发现等方面达成协和性、统筹性,进而避免产生相互抵触、矛盾的裁判,维护法院审判权威,增强司法公信力。即刑事附带民事公益诉讼制度的设立符合诉讼经济原则之要求。对检察机关及其他参与人而言,附带民事公益诉讼使参与者仅参与一次诉讼程序,在庭审过程中对刑、民涉及的内容通过一次性的诉讼请求主张、举证质证、辩论都和盘托出,避免了反复参与审判的讼累。对法院而言,程序合并、诉讼同时进行,可以促使刑民裁判统筹协和,实现司法统一性。刑民交叉的案件中常常涉及刑事裁判中事实认定、证据采纳对民事程序的影响,对此处理稍有不慎,可能会出现同案不同判的局面。"在刑事附带民事公益诉讼中,刑事公诉程序开始后,紧随的是附带公益诉讼,由同一法院审理并作出裁判可以有效地实现同案同判,实现司法的统一协调。"③申言之,节省认定

---

① 谭兵、李浩:《民事诉讼法》,法律出版社 2013 年版,第 9 页。

② 陈桂明:《诉讼公证与程序保障》,中国法制出版社 1996 年版,第 9 页。

③ 江必新:《中国环境公益诉讼的实践发展及制度完善》,载《法律适用》2019 年第 1 期。

事实、查清专业性问题等司法资源是刑事附带民事公益诉讼的一大主要功能。加害者的某一犯罪行为会使犯罪者担负刑事和民事层面的双重责任，借助刑事附带民事公益诉讼可实现裁判主体同一、审判时空确定、证据资料整合，由此可以加快恢复、重建受损社会公共利益的步伐，降低通过两个诉讼（刑事公诉和单独的民事公益诉讼）带来的司法成本，节省司法资源，增强司法效益。

（二）实体性功能：打击刑事犯罪，平衡责任分担

有学者指出，“刑事公诉和民事公益诉讼在维护公共利益方面的制度构建具有竞合性、交叉性、重合性，借助刑事法律可以实现保护社会公益的目标，不需要另行构建附带公益诉讼”。[①] 然而，事实却并非如此，许多刑事违法行为不但会打破刑事层面的公共安全、市场经济、公民人身财产等社会秩序，并且时常伴随性地侵害到社会公共利益。由于刑罚中没有关于修复社会公益的举措，仅从刑事法层面对加害者施加刑事处罚是不足的，是忽视社会公益恢复、重建的表现。以非法采伐、毁坏国家重点保护植物罪为例，《刑法》中规定了视行为情节轻重，对犯罪者判处有期徒刑、拘役或管制并处罚金。[②] 刑事法对于犯罪者非法采伐、毁坏珍贵树木的行为并不会要求犯罪者种植珍贵树木，惩处的罚金也并不会有针对性地用于树苗播种、植被重建。理论上视之，“刑法的目的及任务是打击犯罪、保护法益，保护的方式是遏制及惩罚侵害（包括加害及威胁）法益的刑事违法行为。”[③]但如果仅仅借助刑事法律程序打击被告人的犯罪行为，却不重视由刑事加害行为导致的公益损失，这将诱发责任承担分配不均的风险。正如学者所言，“刑事附带民事公益诉讼的程序构造不可本末倒置，不应当减弱违法者承担修复生态、赔偿损失等民事义务，而应平衡好刑事责任和民事责任，促使加害者自主、及时地承担修复公益的责任”。[④] 但实践中仍有一些检察机关办案、法院审判依然坚持刑事优先的处理原则，[⑤]司法实务中时常遭遇追究犯罪者刑事责任后却未要求加害者及时承担修复社会公益损害民事责任之困境，这明显与刑事附带民事公益诉讼维护社会公益的制度目标不相符。在确立刑事附带民事公益诉讼制度之后，该制度的实体性功能正式出场，其正可达到消解以上困境的目的，在统一的诉讼程序中有条不紊地界分刑事责任及民事责任，促进刑事附带民事公益诉讼程序在保障社会公共利益的道路上良性、有序地前行。

---

① 程龙：《刑事附带民事公益诉讼之否定》，载《北方法学》2018 年第 6 期。

② 《刑法》第三百四十四条关于非法采伐、毁坏国家重点保护植物罪的规定：“违反国家规定，非法采伐、毁坏珍贵树木或者国家重点保护的其他植物的，或者非法收购、运输、加工、出售珍贵树木或者国家重点保护的其他植物及其制品的，处三年以下有期徒刑、拘役或者管制，并处罚金；情节严重的，处三年以上七年以下有期徒刑，并处罚金。”

③ 张明楷：《刑法学》，法律出版社 2016 年版，第 21 页。

④ 江必新：《中国环境公益诉讼的实践发展及制度完善》，载《法律适用》2019 年第 1 期。

⑤ 虽然理论界与司法实务界有先刑后民、刑民分离、先民后刑或者酌定选择等观点，但从法治基础理论和我国的一系列司法文件看，仍然秉持刑事优先的理念。尹吉：《刑事附带民事公益诉讼案件的法律适用》，载《人民检察》2018 年第 10 期。

（三）社会性功能：修复社会关系，维护公共利益

恢复性司法（Restorative Justice）[①]是近年来司法实务界及学术界所提倡的重要理念，其含义是指对犯罪者的加害行为做出体系性反馈，“其强调加强诊断、治愈违法行为给受害者及社会所造成的损害。”[②]“其蕴含着聚合与加害行为相关的主体一起参与到侵害行为的办理之中，以期降低社会利益受侵害的程度，最大限度地将受损害的社会关系恢复到原生状态。”[③]根据《检察公益诉讼解释》第二十条的规定，附带民事公益诉讼主要涉及领域在于生态环境资源保护及食品药品安全，这些内容主要牵涉众多公民社会生活休戚相关的民生问题。受侵害的社会公共利益亟须被修复、还原，而受制于“重刑轻民、先刑后民”的传统而固执的审判理念，在完成刑事诉讼程序后再重新开启民事诉讼程序，不可避免地会面临诉讼迟延的桎梏进而拖延修复社会关系的进度，阻塞及时有效地维护社会公共利益之路。而附带民事公益诉讼本着恢复性司法之理念，以及时、高效修复受损法益为目标，在司法实践中发挥着“修复社会关系，维护公共利益”之社会功效。例如，在杨某某滥伐林木案中，被告人被责令按林业主管部门补植物复绿作业设计说明的要求补种树苗并对补种树苗负管护责任。[④] 若加害人率先承担了民事公益部分的责任，按照认罪认罚从宽制度要求，法院在后续对刑事责任划分时可将其作为“自愿如实供述自己的罪行，承认指控的犯罪事实，愿意接受处罚”之情形加以考量。在落实宽严相济之司法政策的同时，反向促使犯罪者积极履行修复受损公益的义务，促进社会关系的修复。也即，既可保障刑事处罚顺利地进行，又可贯彻“恢复性司法”之理念，积极促进公共利益的修复，确保裁判结果取得较好的司法效果和社会效果。

---

① 恢复性司法是自 20 世纪 70 年代以来世界范围内的刑事司法的最新发展，是积极性刑事司法的三个支柱之一（另两个是社区警政和社区矫治），被认为代表了 21 世纪的刑事司法发展方向。陈晓明：《论修复性司法》，载《法学研究》2006 年第 1 期。许多国家在进行修复性司法的尝试或推广，据统计，美国和加拿大正在进行的修复性司法项目在 300 个以上，并且有超过 700 个项目正在欧洲、澳大利亚和新西兰进行。See Berger, *Vivian*, *A Positive Formof Punishment*, https://www.lexisnexis.com/ap/auth. 2004 - 09 - 09. 恢复性司法是古代社区司法模式的现代回归，并已成为当下西方刑事法学界研究的“显学”，代表了各国立法改革的内容和未来司法的发展方向。英国内政部：《所有人的正义——英国司法改革报告》，中国检察出版社 2003 年版，第 12 页。

② ［美］丹尼尔·W. 凡奈思：《全球视野下的恢复性司法》，王莉译，载《南京大学学报》（哲学·人文科学·社会科学版）2005 年第 4 期。

③ 唐芳：《恢复性司法的困境及其超越》，载《法律科学》2006 年第 4 期。

④ 杨兴辉滥伐林木案中，被告人杨某某违反森林法的规定，未经林业主管部门批准，无证采伐马尾松 4 株，同时，虽然持有林木采伐许可证但违反林木采伐许可证规定的数量，擅自超量采伐马尾松 37 株，共计 41 株，伐木蓄积 30.7899 立方米，依照《最高人民法院关于审理破坏森林资源刑事案件具体应用法律若干问题的解释》第六条之规定，属数量较大。据此判处被告人杨某某犯滥伐林木罪，判处有期徒刑一年，并处罚金人民币二千元。同时责令被告人杨某某于本判决生效后三十日内，按林业主管部门补植物复绿作业设计说明的要求补种树苗 205 株，并对补种树苗负管护责任，至林业主管部门在规定时间内验收通过时止。若被告人杨某某不履行环境修复义务或者履行环境修复义务不符合林业主管部门验收标准的，承担林业主管部门代为补种所实际产生的生态环境修复的合理费用。参见（2020）黔 0626 刑初 19 号判决书。

四、消除:刑事附带民事公益诉讼的规则障碍

(一)附带公益诉讼起诉人的主体障碍与消除

据《检察公益诉讼解释》第二十条之规定,刑事附带民事公益诉讼案件由审理刑事案件的法院管辖。根据《刑事诉讼法》第二十一条可知,中级人民法院管辖的一审刑事案件主要为危害国家安全、恐怖活动案件以及可能判处无期徒刑、死刑的案件。从生态环境和资源保护领域、食品药品安全领域和其他损害社会公共利益领域这三个领域对涉及刑事附带民事公益诉讼的罪名予以分类汇总(见表1),事实上,所涉罪名中(特别是在破坏生态环境资源和食品药品安全领域),可能判处无期徒刑或死刑的情况极少。[①] 那么,由此将导致刑事附带民事公益诉讼案件由基层检察机关提起,而审判管辖权几乎"专属"于基层法院。这可能会与民事审判中级别管辖之规定及海事法院专属管辖之规则发生冲突。即刑事附带民事公益诉讼基层化的管辖模式会使涉及海洋生态环境资源保护的案件脱离海事法院的专属管辖而仍然由基层法院审理,使某些诉讼标的额已明显超过基层人民法院管辖的案件仍然由基层法院管辖,进而将导致当事人的地域管辖利益及级别管辖利益受到侵害。[②] 这一风险预测并非空穴来风,实践中已经出现了相关司法案例。[③]

表1 刑事附带民事公益诉讼中所涉及的主要罪名归纳汇总

生态环境和资源保护领域	《刑法》第六章第六节"破坏环境资源保护罪"部分涉及的十五个罪名(第三百三十八条—第三百四十五条)
食品药品安全领域	《刑法》第三章第一节"生产、销售伪劣商品罪"部分涉及的五个罪名(第一百四十条—第一百四十四条)

① 在统计的罪名中,最高刑期为无期徒刑的仅有8个(盗窃罪,抢劫危险物质罪,盗窃、抢夺危险物质罪,生产、销售伪劣产品罪,生产、销售劣药罪,生产、销售不符合安全标准的食品罪,走私珍贵动物、珍贵动物制品罪,非法制造、买卖、运输、储存危险物质罪),最高刑期为死刑的仅有2个(生产、销售假药罪和生产、销售有毒、有害食品罪),其他罪名的最高定刑都未达到无期徒刑的刑期。

② 刘加良:《刑事附带民事公益诉讼的困局与出路》,载《政治与法律》2019年第10期。

③ 江苏省灌南县人民检察院决定于2018年3月22日以非法捕捞水产品罪对山东荣成伟伯渔业有限公司和何某等18名犯罪嫌疑人提起公诉,并同步提起刑事附带民事公益诉讼,请求判令46名被告及伟伯公司等单位通过增殖放流、劳役代偿、建立海洋牧场等方式,修复受损害的海洋生态环境,或赔偿生态环境修复费用1.3亿余元及损害调查、评估费用,在媒体上公开赔礼道歉。因案件对海洋生态破坏明显,民行检察官积极履行公益诉讼诉前程序,向连云港市海洋与渔业局发出了督促履职检察建议,后连云港海洋与渔业局明确答复不提起公益诉讼。该案由国家海警局挂牌督办,案件指定灌南县人民检察院管辖。张立、李洁:《保护海洋生态既要打击犯罪也要着力修复——山东荣成伟伯渔业有限公司非法捕捞水产品案办案纪实》,载《人民检察》2018年第22期。

续表

其他领域	走私珍贵动物、珍贵动物制品罪,非法转让、倒卖土地使用权罪,非法经营罪,放火罪,失火罪,投放危险物质罪,危险物品肇事罪,①盗窃罪②

为了消解刑事附带民事公益诉讼管辖权低级化导致的困难,司法实务中尝试着通过将案件由基层检察机关移送至上一级检察院审查起诉,以图破除基层法院单兵作战的困境。③ 实践的操作虽然可以防止管辖权基层化诱发的管辖利益损害,但该方法和《检察公益诉讼解释》第二十条之规定相违背,并且管辖权上移并非常态化的现象,容易干扰到管辖规则的正常运作,并且如果管辖权上移的做法被随意开放后无疑会加重上级检察机关办理刑事附带民事公益诉讼案件的工作量。管辖权上移属于管辖规则建构中的后补性、特殊性机制,通过异化该机制的作用来破解困境缺乏妥当的理论根基及实践经验作为支撑。对此,笔者认为较好的措施是:遵循管辖规律,坚守《民事诉讼法》及其司法解释中关于级别管辖、地域管辖之规定,坚守海事法院专属管辖之规则。将超过基层法院管辖标的额范围的案件(通常根据附带公益诉讼起诉人主张赔偿损失的数额来确定诉讼标的额)和海洋环境生态保护案件作为适用刑事附带民事公益诉讼程序的例外,两类案件由上一级检察机关单独提起常规的民事公益诉讼。如此操作可以有效化解刑事附带民事公益诉讼管辖权低级化所诱发的危机,充分维护当事人(特别是附带民事公益诉讼被起诉人)的管辖性权益,助力于优化各级检察公益诉讼程序的体系性、结构性、完整性之建构。

(二)诉前公告程序的障碍与消除

由于缺乏刑事附带民事公益诉讼制度的具体程序细则,该制度是否需设置诉前公告程序存在较大的争议。笔者认为,刑事附带民事公益诉讼中应当履行诉前程序,理由如下:一方面,激励法律规定的机关、社会组织积极参与刑事附带民事公益诉讼,是选择用高效的程序来修复环境生态的表现,是落实公众参与、违法担责等法治基本理念的体

① 2017 年 6 月,山西省忻州市静乐县人民检察院公诉部门在办理祁某、贾某涉嫌危险物品肇事罪案中,发现该公益诉讼案件线索。2017 年 11 月,经山西省人民检察院批准,该案由静乐县人民检察院提起刑事附带民事公益诉讼。马倩如:《粗苯泄漏造成环境污染》,载《检察日报》2018 年 1 月 8 日。

② 2019 年 11 月 20 日陕西省延安市志丹县人民法院指控被告人冯彩民、郭顺喜、景刚娃、刘登科以非法占有为目的,采用秘密手段,盗窃国有林地内活体柏树十三棵,价值人民币 12,400 元,数额较大,其行为构成盗窃罪。同时,志丹县人民检察院认为,四被告人造成国家财产严重毁坏,生态环境被持续破坏,应当追究其民事责任。故请求判令刑事附带民事公益诉讼被告冯彩民、郭顺喜、景刚娃、刘登科共同赔偿 13 根活体侧柏 12,400 元、生态修复费用 2600 元。最终志丹县人民法院判决支持了检察机关的请求。参见(2019)陕 0625 刑初 154 号判决书。

③ 比如,四川省雅安市石棉县人民检察院将雷某等五人涉嫌非法捕捞水产品罪移送雅安市人民检察院审查起诉,2018 年 7 月 30 日雅安市人民检察院向雅安市中级人民法院提起刑事附带民事公益诉讼,请求判令五被告承担生态环境修复费用 9.75 万元。2018 年 10 月 9 日雅安市中级人民法院公开开庭审理此案,判决雷某等五人 10 日内连带赔偿生态环境修复费用 9.75 万元。刘德华、易雪艳、钟锦鸣:《一条朋友圈炫耀微信引出电鱼案》,载《检察日报》2019 年 2 月 19 日。该案法官是将涉及长江水域环境保护界定为"社会影响重大"。

现。[①] 如果在不贯彻诉前公告程序的前提下直接由检察机关提起诉讼，这将赋予检察机关提起附带公益诉讼“第一人”的诉讼主体地位，检察机关既要提起刑事公诉，也要在第一时间提起附带公益诉讼，刑事附带民事公益诉讼的诉讼实施权由检察院一家占有的做法无疑将招致制度层面的重大桎梏——检察机关的补充性主体地位将发生异化，检察公益诉权之谦抑性原则面临着被突破的风险，而公益诉讼适格主体理论也会迎来新的挑战。另一方面，许多人认为履行诉前程序会明显降低司法效率，进而干涉附带民事公益诉讼的进程，但事实并非如此。履行诉前程序不会当然导致诉讼迟延，原因在于：《刑事诉讼法》规定检察院审查起诉期限一般为一个月，针对重大、复杂的案件还可以延长半个月；若在审查起诉的期间范围内就落实诉前程序，则可有效地避免诉讼迟延的风险。最高人民法院和最高人民检察院于 2019 年 9 月 9 日对是否履行诉前程序作出了明确回应。其在《关于人民检察院提起刑事附带民事公益诉讼应否履行诉前公告程序问题的批复》中指出：“应当履行诉前公告程序。”[②]由此表述可以推测出最高人民法院和最高人民检察院所持观点——将履行诉前公告程序作为原则，不履行作为例外。即使存在影响刑事案件审理期限之例外事由，检察机关也可以选择另行提起民事公益诉讼进而确保刑事审判程序平稳推进。此外，落实诉前程序让“法律规定的机关及组织”参与进来，是保障其他主体公益诉权的体现，可以充分调动广泛的社会资源，[③]反而能有效地发挥“节省诉讼资源，增强司法效益”之程序性功能。

（三）审判组织的障碍与消除

2018 年《人民陪审员法》第十六条中规定“民事公益诉讼及涉及生态环境保护、食品药品安全且社会影响重大”的一审案件应当适用人民陪审员和法官组成七人合议庭。[④]事实上，在新《人民陪审员法》出台后，实践中适用三人合议制甚至独任制的方式对刑事附带民事公益诉讼进行审理的情形仍然司空见惯。[⑤] 第十六条是强制适用七人合议庭之规定，而 2018 年《检察公益诉讼解释》第七条却指出，针对一审检察公益诉讼案件，法院

---

① 王中义：《我国环境资源刑事附带民事诉讼探悉》，载《法律适用》2019 年第 15 期。

② 《关于人民检察院提起刑事附带民事公益诉讼应否履行诉前公告程序问题的批复》的具体内容为：“人民检察院提起刑事附带民事公益诉讼，应履行诉前公告程序。对于未履行诉前公告程序的，人民法院应当进行释明，告知人民检察院公告后再行提起诉讼。因人民检察院履行诉前公告程序，可能影响相关刑事案件审理期限的，人民检察院可以另行提起民事公益诉讼。”《关于人民检察院提起刑事附带民事公益诉讼应否履行诉前公告程序问题的批复》，载《人民法院报》2019 年 12 月 6 日。

③ 肖建国、蔡梦非：《环境公益诉讼诉前程序模式设计与路径选择》，载《人民司法》2017 年第 13 期。

④ 2018 年《人民陪审员法》第十六条规定：“人民法院审判下列第一审案件，由人民陪审员和法官组成七人合议庭进行：（一）可能判处十年以上有期徒刑、无期徒刑、死刑，社会影响重大的刑事案件；（二）根据民事诉讼法、行政诉讼法提起的公益诉讼案件；（三）涉及征地拆迁、生态环境保护、食品药品安全，社会影响重大的案件；（四）其他社会影响重大的案件。”

⑤ 例如，辽宁省营口市大石桥市人民检察院于 2018 年 11 月 29 日就任某某销售有毒、有害食品罪提起刑事附带民事公益诉讼，大石桥市人民法院适用简易程序，由法官任睿独任审判，并于 2018 年 12 月 13 日作出判决。参见辽宁省大石桥市人民法院（2018）辽 0882 刑初 570 号判决书。

“可以”适用人民陪审制。[①] 由此产生了两个问题。第一,针对司法解释和法律规范发生冲突的尴尬局面,对此该如何予以回应?《检察公益诉讼解释》第七条不具有强制性,属于任意性规定,其赋予了法院适用人民陪审制的选择权。由此可知,司法解释与法律规定相抵触,出现“法条打架”的情形。对此,笔者认为,实践中应以《人民陪审员法》为基准展开审判程序,后续修法中需对《检察公益诉讼解释》第七条之规定予以修正,以实现法律适用的统一性。因为在刑事附带民事公益诉讼中适用人民陪审员和法官组成七人合议庭体现了司法理性和大众理性的结合,三名人民陪审员参与的审判组织形式不仅有利于公众参与、接近司法,而且给法官审理、裁判刑事附带民事公益诉讼案件提供与实际契合的社会背景和社会环境、专业知识,同时有利于避免法官职业定式造成案件审理裁判僵化的问题。第二,刑事附带民事公益诉讼程序是否“应当”由人民陪审员和法官组成七人合议庭?思考这个问题的程序法价值在于——如果属于应当组成七人合议庭审理却没有组成的,属于“审判组织构成不合法,违反法定程序”,对此可据民事诉讼法提起上诉或启动再审。笔者认为,应当适用七人合议庭,具体可以从以下两条解释路径展开分析:第一,若认为刑事附带民事公益诉讼应当以《民事诉讼法》为裁判依据,进而推导出刑事附带民事公益诉讼属于民事公益诉讼,此时符合《人民陪审员法》第十六条第二项“根据民事诉讼法、行政诉讼法提起的公益诉讼案件”之规定而应当适用七人合议制。第二,若认为刑事附带民事公益诉讼不适用《民事诉讼法》提起公益诉讼之规定,则需尝试其是否满足《人民陪审员法》第十六条第三项“涉及征地拆迁、生态环境保护、食品药品安全,社会影响重大的案件”的规定。司法实践中也出现过据此项作出适用七人合议庭的实例,[②] 判别案件涉及环境生态或食品药品安全较为便利,但难点在于如何界定是否符合“社会影响重大”这一抽象、笼统的条件。前文提到的案件中法官将涉及长江水域生态环境保护界定为“社会影响重大”的情形,但仅仅是这一个判例并不能涵盖包罗万象、变化各异的司法情形,如果选择这一条解释路径,将使法院对“社会影响重大”的解释陷入过于宽泛“自由裁量”之困境,阻碍司法实践的操作。通常情况下,由于甄别的难度较大,出于规避风险的考量,法官可能会选择避而远之,将第三项规定束之高阁。由此可知,相较于这一条解释路径而言,第二条解释路径并非最好的选择。

---

① 《最高人民法院、最高人民检察院关于检察公益诉讼案件适用法律若干问题的解释》第七条规定:“人民法院审理人民检察院提起的第一审公益诉讼案件,可以适用人民陪审制。”

② 蔡新华、徐璐:《两男子利用雨水窨井偷排毒水获刑——上海首例七人大合议庭审理污染环境刑事案件开庭纪实》,载《中国环境报》2018 年 8 月 8 日。

检察实务

新时代社会治理类检察建议实践性反思

——以T市检察建议工作实践为根据

江苏省泰州市人民检察院课题组*

摘要：实证研究发现，在推进国家治理体系和治理能力现代化背景下，社会治理检察建议发展相对滞后，问题主要是理念认识有误区，偏重个案治理忽视类案和预警预测治理专业化、规范化水平不高、督促落实力度不够。检察人员应当正确定位和运用好社会治理类检察建议，结合大数据应用和专业化办理提升建议针对性。为促进建议采纳，应大力推行宣告送达、完善落实督促机制，并重构异议复核制度。

关键词：社会治理类检察建议　实证研究　运行机制完善

引　言

检察建议发端于中华人民共和国成立初期，创设目的主要是检察机关结合司法办案工作，参与社会治安综合治理，督促健全制度，堵塞漏洞，预防和减少犯罪。① 2019年最高人民检察院修订出台《人民检察院检察建议工作规定》，明确将社会治理类检察建议作为检察建议单独类型加以规范。党的十八大以来，推进国家治理体系和治理能力现代化成为重要任务。如何发挥社会治理检察建议的功能作用，已经成为检察机关重点研究的课题。本文对T市社会治理类检察建议开展实证研究，就新时代背景下健全社会治理类检

---

* 课题负责人：泰州市人民检察院副检察长邹云翔，东南大学法学院教授李川；课题组成员：泰州市人民检察院法律政策研究室主任丁建玮、副主任陆秀勇，泰州市海陵区人民检察院检察官宋涤宇。本文系2020年度最高人民检察院检察应用理论研究课题“社会治理类检察建议理论和实证研究”阶段性成果。

① 杨文书：《检察建议基本问题研究》，载《人民检察》2005年第9期。

察建议运行机制提出对策建议。

一、2018 年以来 T 市社会治理类检察建议工作态势分析

2018～2019 年,全市检察机关共制发社会治理类检察建议 69 件,其中 2018 年制发 21 件,2019 年制发 48 件。整体来看,T 市检察机关围绕市域治理体系和治理能力现代化要求,针对社会治理领域存在的违法现象或者苗头性、倾向性问题,把准问题症结,提出检察建议推动提升社会治理水平,取得较好效果。1 份检察建议被省有关部门采纳,3 份获得省级以上表彰。

1. 各业务条线制发检察建议情况

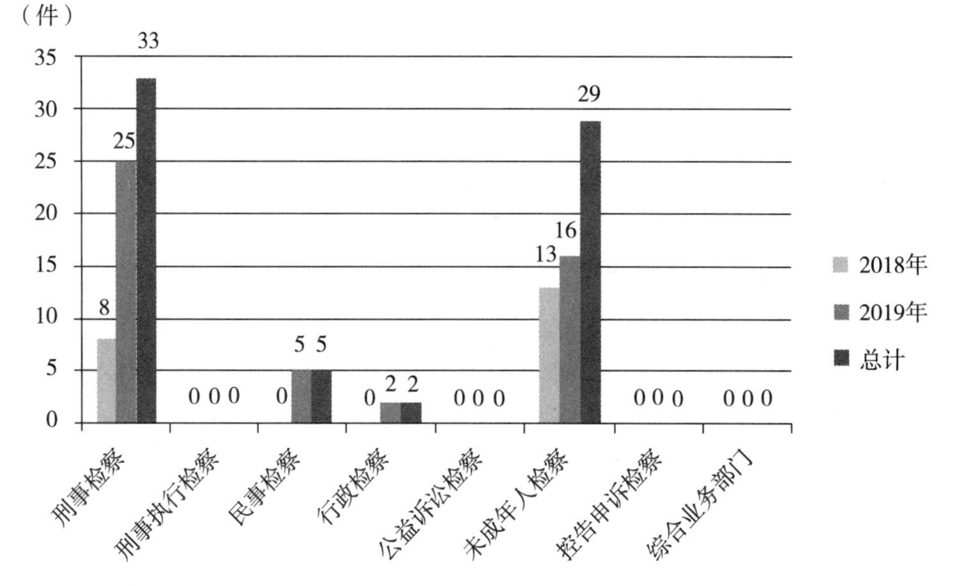

图 1　2018～2019 年社会治理类检察建议制发业务类别

近年来,最高人民检察院将检察业务分为“四大检察、十大业务”。由图 1 可知,社会治理类检察建议制发部门从高到低排序分别是刑事检察(负责捕诉的部门)33 件,未成年人检察 29 件、民事检察 5 件,行政检察 2 件。刑事执行检察(包括司法人员渎职犯罪侦查)、公益诉讼检察、控告申诉检察部门在社会治理领域检察建议数是 0。刑事检察和未成年人检察占比分别是 47.83%、42%。可以看出,社会治理类检察建议在不同业务部门之间发展不平衡。究其原因,未成年人检察和刑事检察一直以来习惯于将司法办案和社会化工作相结合,工作内容考评也注重参与社会治理。而公益诉讼检察部门虽然经常与行政执法监管部门打交道,但对于发现执法监管漏洞,更倾向于制发公益诉讼诉前检察建议,而非社会治理类检察建议。

2. 被建议单位类型

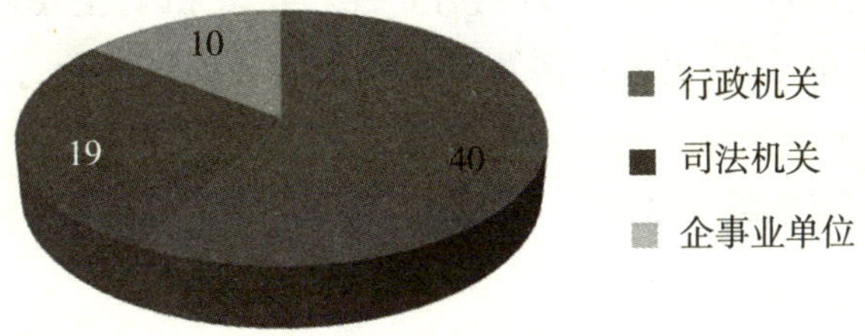

图 2 被建议单位类型

由图 2 可知，社会治理类检察建议发送对象大致分为三类，涉及行政机关（包括地方政府）共 40 件；涉及司法机关 19 件，其中公安机关 11 件，司法行政机关 8 件；涉及企事业单位 10 件。这个趋势基本符合三类主体在社会治理中所发挥的功能和作用，一方面，行政机关仍然是公共服务的主要提供者、监督管理的主要执行者；另一方面，企业等市场主体在社会治理中的作用也发挥着不可或缺的作用。需要特别说明的是，检察机关对纯粹司法活动违法一般是采取纠正违法类检察建议进行监督，对于司法机关的社会治理类检察建议主要集中在社会治安和规范执法领域，建议内容主要是督促公安机关、司法行政机关改进行政执法、法律服务监督管理工作，故社会治理类检察建议很少涉及法院。

3. 社会治理类检察建议类型

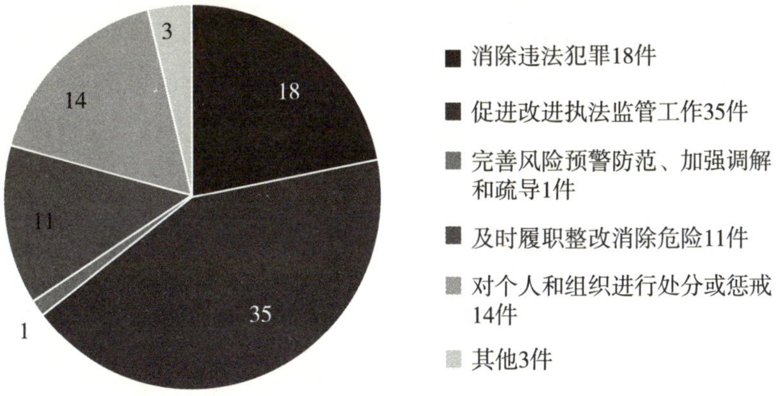

图 3 2018～2019 年社会治理类检察建议类型

从图 3 可知，督促行业主管部门加强和改进管理监督工作的检察建议数量最多，共涉及 35 件；消除违法犯罪隐患，及时履职整改消除风险，对个人和组织进行处分和惩戒和其他社会治理检察建议分别涉及 18 件、11 件、14 件和 3 件；督促相关部门完善风险预警防范措施，加强调解疏导工作的社会治理类检察建议数量最少，涉及 1 件。值得注意的是，同一份检察建议内容可能涉及数个类型。多类型并存的检察建议均是督促有关单位对个人或组织进行处理的同时，建议消除违法犯罪隐患或者加强和改进管理监督，其中同时涉及消除违法犯罪隐患和对个人和组织进行处理的检察建议有 4 件，同时涉及改进监督工作和对个人或者组织进行处理的有 8 件。究其原因，主要是因为社会治理类检察建议很多是基于个案分析，更容易涉及对相关人员和组织进行行政处罚、纪律处分等事项。

4. 被建议单位回复和采纳情况

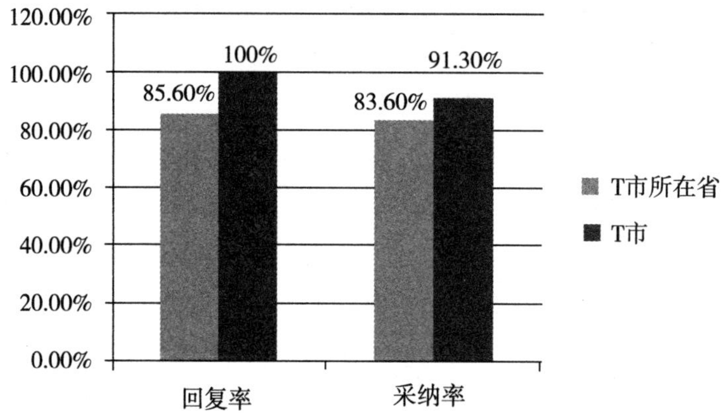

图 4　2018 ~ 2019 年社会治理类检察建议回复和采纳数据

由图 4 可知，T 市社会治理类检察建议回复情况比较好，2018 ~ 2019 年均做到了 100% 书面回复。2018 年建议采纳率是 100%，2019 年建议采纳率有所下降，其中 42 件得到采纳，6 件部分采纳，全部采纳率达到 91.3%。2019 年 T 市所在江苏省社会治理检察建议制发 1693 份，已收到回复 1440 份，回复率为 85.06%；已采纳 1415 份，采纳率达 83.6%。[①] 应该说，T 市检察机关社会治理类检察建议回复和采纳情况较好，超过全省平均值。

二、社会治理类检察建议运行问题剖析

T 市社会治理类检察建议取得了一定成效，但仍有一些问题或者困境需要切实加以研究和推动解决。

（一）对于社会治理类检察建议认识存在误区

检察工作进入新时代，检察建议工作在检察机关履行法律监督职责、推进国家治理体系和治理能力现代化方面有了新使命、新定位，但社会治理类检察建议发展却没有达到预期，如在整体检察建议工作中占比不足 10%。[②] 究其原因，主要是少数地方、部分检

---

① 数据来源于 2020 年 5 月 11 日江苏省人民检察院组织的全省检察机关开展社会治理检察建议工作促进社会治理新闻发布会。

② T 市 2018 年检察建议 693 件，社会治理类检察建议只有 21 件；2019 年检察建议 597 件，社会治理类检察建议只有 48 件。

察人员对社会治理类检察建议的认识没有与时俱进，认为再审检察建议、纠正违法检察建议、公益诉讼检察建议有业务数据考核要求，是硬任务；社会治理类检察建议没有明确数量要求，是软任务；工作内容与检察监督关系不大，是法律监督工作副产品，且缺乏后续监督手段保障。这些认识在一定程度上阻碍了社会治理检察建议高质量发展。

值得注意的是，调研中有公益诉讼检察部门同志提出，他们已经针对不依法履职的行政单位制发了公益诉讼检察建议，再另行制发社会治理类检察建议没有必要，这种认识有所偏颇。诚然，在推动健全行政管理、依法对个人和单位进行行政处罚、消除和防范国家利益和公共利益领域风险隐患等方面，公益诉讼检察建议和社会治理类检察建议是"殊途同归"，某种程度上功能存在重合。但公益诉讼检察建议适用范围受到法律限制，[①]而社会治理类检察建议适用范围比较广阔。对于履职过程中发现的法定检察公益诉讼范围外的涉及社会治理问题，或者对于行政机关在监督管理领域出现的普遍性问题，公益诉讼检察部门应当是采取社会治理类检察建议方式予以提醒纠正。[②] 此外，检察机关开展行政公益诉讼对象应当是具体违法行政行为，对于履职中发现的抽象行政行为，如规范性文件等违法问题，也可提出完善规范性文件的社会治理类检察建议，这是检察机关行使法律监督权参与社会治理现代化建设的应有之义。[③]

（二）类型上偏重于个案治理忽视类案治理和预测预警建议

社会治理主要聚焦普遍性、代表性的问题，个案问题往往不具有代表性，而实践中社会治理类检察建议却过多着眼于个案剖析。以T市2019年制发的社会治理类检察建议为例，在48件检察建议中，对某地区或某行业同类型违法犯罪问题进行分析的仅有14件，占比21.97%，其他34件都是基于个案提出的治理建议。诚然，个案深度挖掘分析是社会治理类检察建议工作方式之一，能及时提醒有关单位加强内部治理或行业监管。但个案分析在普遍性代表性上有所欠缺，特别是不能充分证明个案的发生与被建议单位治理体系和治理能力欠缺之间的因果关系，容易让被建议单位觉得检察机关是"小题大做"。同时，当前社会风险叠加，治理工作更注重预警预测、防患于未然而不是回顾总结，这方面社会治理类检察建议也是短板。多数建议专注于分析既有的治理漏洞，极少对尚未出现但可能发生的风险进行科学预测、预警，如2018～2019年69件建议中督促相关部门完善风险预警防范措施建议占比不到1.5%，是"亡羊补牢"多而"预测风险"少。

---

① 根据《民事诉讼法》《行政诉讼法》等法律法规，检察公益诉讼检察建议目前主要集中在生态环境和资源保护、食品药品安全、国有财产保护、国有土地使用权出让、英烈名誉保护五个领域，同时在公民个人信息保护、公共安全、文物保护等领域进行探索。

② 最高人民检察院《关于2019年度全国检察机关社会治理类优秀检察建议评定结果的通报》中，陕西省人民检察院针对全省检察机关办理国有财产领域公益诉讼案件工作中发现的普遍性问题，向人防监督管理部门发出的社会治理检察建议，旨在加强人防主管部门监督管理，规范人防工程建设及人防易地建设费收缴工作，维护国防安全和人民生命财产安全，避免国有财产流失。

③ 郝润东：《行政公益诉讼诉前检察建议监督范围》，载《中国检察官》2019年第6期。

社会治理类检察建议缺少类案和预测预警，主要原因：一是少数检察人员缺乏整体思维观，只会孤立研究个案，不愿也不会对辖区内同类型案件进行分析；二是大数据思维缺位和智能化分析工具不足，不能对于数据进行深度分析论证，遑论在分析基础上推演出需要防范的风险源点。

（三）社会治理类检察建议专业化程度尚不理想

近年来，检察机关高度重视专业化建设，但也有一种倾向，将专业化局限于司法办案、诉讼监督的专业化。社会治理类检察建议同样涉及非检察领域的专业问题，需要专业化办理。张军检察长提出检察建议做成刚性，通过高质量的检察建议，用翔实的数据、专业的分析让被建议单位“心悦诚服”地接受检察建议。从调研情况看，T 市社会治理类检察建议专业化程度并不高，客观上影响了质量和效果。

一是前期检察调研不全面、不细致。2019 年 48 件社会治理检察建议中，在制发建议前对有关问题做了详尽调查的共 35 件，仍有 13 件调查不全面、不细致，导致被建议单位在回复中认为指出的问题事实依据不充分，建议内容也无法采纳落实。

二是咨询专家方式运用不充分。社会治理类检察建议多数涉及行政监督管理等领域专业化问题，如综合监管中各部门具体职责如何厘清、专业技术问题如何判定，这些往往超出检察人员知识储备和知识结构，需要咨询专业人士。从调研情况看，除了部分检察人员向相关执法监管人员了解有关知识外，部分检察人员在制发检察建议前没有咨询业相关系统内专业技术人员和科研院所专家学者，而是凭感觉进行分析，导致建议内容缺乏深度和专业化表达。

三是集体研究论证少。社会治理类检察建议前期调查、数据研判、问题分析和对策建议需要团队办理，一方面可以保证足够人力在短时间内完成繁重的检察调查任务；另一方面有利于集中集体智慧，提出有针对性的改进举措，消弭个人思维的盲区。调研中发现，社会治理检察建议基本都是由独任检察官“单打独斗”，极少采取主任检察官办案组或者专业化团队办理。

（四）社会治理类检察建议规范化水平仍有不足

之前社会治理类检察建议工作规范比较原则，各地一般自行探索，2019 年出台的《人民检察院检察建议工作规定》，明确了社会治理类检察建议文本格式和操作流程，但少数检察人员对此学习研究不够，运行不规范情况仍有发生。一是制作流程不规范。少数检察建议没有在统一业务应用系统中制作；在制作时没有经本院法律政策研究部门审核；制发前没有征求被建议单位意见；没有及时报上一级检察院对口业务部门备案审查。二是文本内容不够严谨规范，说理论证不足。少数检察建议文书指出问题或隐患只是寥寥数语，没有列明相关证据情况；问题和建议内容之间缺乏严密的逻辑联系；建议内容可操作性不强，诸如提高思想认识，加强业务培训、加强监管之类表述，没有针对具体问题提出适宜的建议。三是内部审核把关有时候虚化。社会治理类检察建议在制发前应交本院研究室审核，制发后还应报上一级检察院备案审查。从调研情况看，基层检察院因为内设机构改革原因，负责法律政策研究的检察人员多为兼职，且业务素能相对薄弱，审核把关不够，基本都是同意发出，对于内容没有从合法性、说理性角度提出修订建议。市院对口业务部门备案审查时也比较粗疏，对于问题没有及时指令基层院纠正。如某基层院就违法公证问题，就在同一天向同一单位发出 4 份个案检察建议，存在滥发嫌疑，但市院对口业务部门在备案审查时并没有指出有关问题。

（五）社会治理类检察建议督促落实力度仍需加强

张军检察长提出检察建议要做到刚性。做到刚性，不仅是建议出去有回音，更是通过与被建议单位等沟通，帮助协调、落实建议内容，达到促进社会治理目的。社会治理类检察建议内容，多数涉及机制性问题，不是一蹴而就的，而是需要长期实施、执行和落实，因此，对检察建议全流程的跟踪督促要求更高。从调研情况看，检察建议在督促、支持、帮助被建议单位落实建议上还有不足。一是与被建议单位面对面沟通少。宣告送达目的是面对面释法说理，在沟通效果上比起书面送达更胜一筹。从送达检察建议情况看，2018～2019 年 69 份社会治理类检察建议，均采取书面送达方式，没有当面宣告送达。二是少数检察人员将被建议单位回复视同采纳，在回复后没有进一步跟踪督促。对于容易复发的问题，注重当时整改效果，监督过后问题重复发生。三是被建议单位异议机制存在“空转”。从调研情况看，被建议单位对于少数检察建议内容存在不同意见，但都没有按照程序规范向原检察机关提出复核异议。进一步了解发现，被建议单位相关人员要么没有注意这个救济渠道，要么认为复核主体仍是制发检察机关，复核变更可能性不大，即使有意见也是通过其他方式提出。

三、完善社会治理类检察建议运行机制的建议

“社会治理的现代化转型，既是思想观念的伟大革命，更是方式方法的深刻变革。”① 检察机关应当主动适应新时代社会治理现代化转型要求和检察机关自身职能转型要求，进一步完善社会治理类检察建议运行机制。

（一）主动响应社会治理现代化要求，正确定位和运用好社会治理类检察建议

党的十九届四中全会围绕坚持和完善中国特色社会主义制度、推进国家治理体系和治理能力现代化作出重要决定。社会治理类检察建议适用范围和发送对象较为广泛，涵盖行政监管执法司法机关、企事业单位等多种主体，启动、调查、制发和督促方式更为灵活，是检察机关直接服务保障大局、保障国家治理顺利进行的不可或缺的监督手段。检察人员应根据新时代刑事、民事、行政、公益诉讼四大检察全面平衡发展要求，通过考核引导等方式，补齐在社会治理类检察建议方面的短板，逐步提升制发数量。

---

① 陈一新：《加快推进社会治理现代化》，载《人民日报》2019 年 5 月 21 日。

更为重要的是,检察人员应认识到,社会治理类检察建议的柔性监督契合了法治的内核和现代社会治理要求。20 世纪 90 年代开始,非强制性公法行为理论已经成为社会治理中的重要理论依据,强制性不再是公法或者公权力的唯一标签,非强制力公法行为可以改善公权行使机关与对象之间的紧张对立关系,使国家法律政策在各类主体自觉自愿配合中得到真正的贯彻执行。[①] 检察人员应当破除法律监督必须依靠法律强制力作为后盾的迷思,努力通过与被建议单位沟通协商,提升社会治理类检察建议回复、采纳率,树立检察监督权威。

(二)顺应社会治理方式智能化趋势,提升社会治理检察建议大数据应用"含金量"

智能化是社会治理方式现代化的重要手段,是智治的主体内容。加快推进社会治理智能化建设,对检察机关而言,就是瞄准数据驱动、人机协同、跨界融合的智能化治理新模式,最大限度地提升数据应用水平,为社会治理提供更有指导性和针对性的检察建议。因此,检察机关应摆脱传统社会治理类分析模式的路径依赖,更多地依据大数据进行研判,以此推进社会治理决策智能化、科学化。具体而言,一方面,检察机关应改变过多依靠个案提出建议的习惯,强化类案思维。在发现个案问题后,应有意识地对本地区同一类型司法办案数据进行深度挖掘,用可视化的方式展示问题发展趋势,揭示出隐藏在数据背后的普遍性代表性的社会治理问题,让被建议单位认识到此类问题进行整改确有必要。另一方面,检察机关应将建议模式从"防患于既然"转型到"防患于未然",努力推动检察办案数据与其他单位执法司法数据的互联互通,建立治理数据池,探索构建社会治理数据分析预测模型和分析工具,通过数据比对、碰撞,发现被建议单位尚没有关注的重要风险源点,提醒被建议单位做好应对准备,尽可能将风险消弭在萌芽状态。

(三)按照社会治理能力专业化要求,优化检察建议制发工作流程和机制

社会治理现代化需要围绕打击、防范、监管、协商、服务等领域,有针对性地创新完善社会治理政策,加强公共安全管理和社会公共服务的专业性,这就需要专业化的治理队伍和专业化的治理能力给予支撑。检察机关参与社会治理,提出检察建议,应避免泛泛而谈的套话,力戒不专业的分析论证甚至是主观臆测,提供更为精细化、专业化的治理建议,建议内容做到有法可循、有据可查、有的放矢。首先,应进一步规范检察建议的事前调查机制。检察机关应当落实"案件化办理"要求,依托司法办案检察调查权能,采取谈话询问、现场勘查、调查实验、数据分析等方式,用翔实可靠的案例、事例、数据来说明发现的问题。为了增强说服力,可以将查明的证据以附件形式连同检察建议文书一并被建议单位。其次,应进一步落实专家咨询机制。对于社会治理中遇到的行政监管争议、专业技术问题应当强制推行专家咨询机制。对于问题涉及多个执法监管部门,相互职责界限模糊的,可以召集所涉单位和有关专家共同举行"圆桌会议",共同研究厘清各部门职

---

① 吕涛:《检察建议的法理分析》,载《法学论坛》2010 年第 2 期。

责边界，拿出具体策略，促进达成共识。对于专业领域技术问题，可以邀请相关专家咨询委员进行论证，或者咨询有关行业系统中的专业技术人才，力争将问题找准找透，避免说“外行话”。再次，应当构建团队化作战机制。社会治理类检察建议办理模式，应以检察官办案组或者专业化办案团队办理为主，独任检察官办理为例外。考虑社会治理往往需要综合治理、系统思维，对于问题背后原因复杂的检察建议，应当召开检察官联席会议甚至检委会共同研究建议内容，用集体智慧优势克服个人思维局限。最后，应优化内部审核机制。同级检察机关法律政策研究部门和上级检察机关对口业务部门应当高标准审核、审查下级检察机关提出的检察建议，在必要性、合法性和说理性上给予指导。坚持质量效果导向，不设置任何数量评价指标，宁可少发甚至不发，不能滥发。

（四）按照社会治理成果实效化的要求，健全社会治理检察建议跟踪督促机制

检察机关制发社会治理类检察建议，不是一发了之，更不是追求“数字政绩”，而是督促被建议单位及时回复并采纳落实，共同推进社会治理现代化建设。首先，突出送达环节释法说理。在送达方式上大力提倡宣告送达，由检察机关领导或者部门负责人带领承办检察官上门，面对面与被建议单位相关人员进行沟通，当面阐释制发检察建议的背景、理由和依据，充分释放检察善意，力争在送达环节得到被建议单位人员内心理解和支持。其次，优化跟踪督促措施。检察机关不应满足于纸面回复和书面整改，而应到被建议单位进行回访或者采取其他检察调查措施，弄清楚建议内容是否得到全部采纳、落实。对于没有采纳的内容，及时听取被建议单位意见，帮助被建议单位共同研究破解之策。完善定期跟踪机制。对于容易反复出现、难以在短期内取得明显成效的问题，应由承办检察官担任专门联系人，定期到被建议单位进行回访或者对有关行业领域开展检察调查，及时发现问题反复的迹象，提醒被建议单位坚持长效治理机制，力争将问题消弭在萌芽状态。最后，探索构建上级异议复核机制。为了让被建议单位真正重视和应用异议复核机制，更好地反向审视检察建议质量，应优化当前复核制度。被建议单位对检察建议内容有异议的，可向上一级检察机关申请复核。这种制度设计，可以避免原检察机关复核自身决定的弊端，增强复核结果的公信力，也有利于上级检察机关及时掌握下级检察机关的检察建议情况，有针对性地进行指导，避免备案审查发现问题后再指令下级检察机关修订或撤回检察建议。

论被封存犯罪记录不应作为量刑情节裁量适用

刘兆东　胡浩然　尚晓晓*

摘要:被封存的未成年人犯罪记录,能否作为再次犯罪后刑罚裁量的情节,理论和实践中尚存疑虑。犯罪记录与前科概念的混同,导致犯罪记录封存与前科消灭之间认识的盲区,是规范层面的原因;未成年人身心发育特殊性和犯罪记录封存制度的目的理性,与犯罪记录所反映的预防必要性的矛盾关系,是实体层面的原因。厘定犯罪记录封存与前科消灭的关系,围绕刑罚的正当性依据及量刑原理,以犯罪记录封存制度的正当性基础为指导,能够正当且合理的证成犯罪记录封存与刑罚裁量不存在必然联系,被封存的犯罪记录一般不应作为量刑情节裁量适用。

关键词:犯罪记录封存　前科消灭　刑罚裁量　刑罚正当性根据

《刑事诉讼法》第二百八十六条第一款规定,未成年人实施的被判处五年有期徒刑以下刑罚的犯罪记录应当予以封存;第二款进一步规定,司法机关根据办案需要有权查询被封存的犯罪记录。为此,刑罚裁量时,一方面考虑犯罪嫌疑人现存犯罪记录,至少表明人身危险性较大,量刑时应当考虑;另一方面又对引用被封存犯罪记录作为量刑情节是否存在规范障碍心存疑虑。何以程序法规定与实体量刑纠缠不清?追根溯源,未深入研究其深层次的正当性及价值立场问题,对"封存"肤浅理解,必然遭遇刑罚裁量时"左顾右盼"。普遍存在的将犯罪记录与前科概念混淆的现象,更是加重了这一迷思。正因如此,有必要对犯罪记录封存开展基础研究,追问其正当性和价值立场,以厘定犯罪记录封存与刑罚裁量的关系。

---

* 刘兆东,江苏省宿迁市人民检察院副检察长;胡浩然,江苏省宿迁市人民检察院研究室副主任;尚晓晓,江苏省宿迁市人民检察院检察官助理。

一、何以封存:犯罪记录封存的正当性追问

(一)基于未成年人主体特殊性的科学选择

犯罪记录是对行为人已然犯罪事实的客观记载,与其他行为事实并无本质区别。那么何以犯罪记录为国家、社会和公众特殊关注呢?一方面是人类趋利避害的本能体现。一部良法的每项规范,“在现实中都对应着一条演进中的道德准则,在法律规范继起之后,它倾向于使道德准则得到普遍地遵从。”①刑法作为最严厉的法律,违反刑法禁令即意味着最严重的道德缺失和利益侵害。潜在的危机感、朴素的正义感引发大众对犯罪人的厌恶、敌视,自觉自发地将曾经犯罪的人视为“异类”,排除在社会安全体系之外,形成一种直接的甚至是制度性社会排斥。② 另一方面是防卫社会的功利选择。“实证主义的研究表明,犯罪人仅仅在实施犯罪行为的倾向方面不同于非犯罪人”,③所谓犯罪倾向即犯罪性或言犯罪危险性人格。行为人的这种犯罪危险性人格,具有相对稳定性和反社会性,而“犯罪则是这种犯罪性的多种可能之一”。④ 正因为犯罪危险性人格的这一特点,决定了对“犯罪危险性人格的把握必须从已然的犯罪行为着手,进行事后的分析。而作为分析结果的犯罪危险性人格这一反社会心理事实,又可以反过来服务于预测犯罪行为人今后之行为的可能性”⑤。既然存在犯罪的可能性,而“犯罪是孤立的个人反对统治关系的斗争”,国家、社会和民众就必须特别关注犯罪记录,以防范因犯罪行为而再次遭受侵害。事实上,犯罪记录制度正是肇兴于新主观主义的犯罪预防理念,其自始具有犯罪预防功能,这是公共利益维护价值的必然要求。⑥

未成年行为人的这种犯罪危险性,因其身心发育的不成熟性而异于成年人。生理上,未成年人脑负责自控能力的区域和中枢神经系统抑制兴奋的机能尚未发育成熟,难以有效抑制未成年人的激情冲动,显现出暴躁、易怒等非理性行为。⑦ 心理上,未成年人呈现出思想偏激、矛盾情绪动荡激烈等特点,处于“心理性断乳期”,易受群体影响和不良因素影响。正是因为未成年人的身心发育不成熟,其认识和控制能力随年龄的增长而转变,犯罪性因而具备较强可变性。但“认识的提升并非主体自给,而是来源于主客体之间的交互作用”,⑧儿童从出生到具有完整的认识和控制能力需要经历正常的社会化进程,因而最大限度地促进罪错未成年人正常完成社会化,是未成年人刑事司法的重要价值追

---

① [美]罗斯科·庞德:《法律与道德》,陈林林译,商务印书馆2018年版,第108页。

② 姚建龙:《社会排斥理论与未成年人犯罪记录封存制度改革》,载《青年探索》2015年第2期。

③ [美]迈格尔·戈特弗里德森、特拉维斯·郝希:《犯罪的一般理论》,吴宗宪译,中国人民公安大学出版社2009年版,第82页。

④ [美]迈格尔·戈特弗里德森、特拉维斯·郝希:《犯罪的一般理论》,吴宗宪译,中国人民公安大学出版社2009年版,吴宗宪“犯罪的一般理论评述”中文版序第11页。

⑤ 张文、刘艳红等:《人格刑法导论》,法律出版社2005年版,第105页。

⑥ 于志刚:《犯罪记录的体系化建构》,载《中国社会科学》2019年第3期。

⑦ 宋浩波:《青少年犯罪的生物学解析与治理》,载《河南警察学院学报》2014年第1期。

⑧ [瑞士]皮亚杰:《发生认识论原理》,王宪细、胡世襄等译,商务印书馆1981年版,第21页。

求。但因犯罪后不可避免遭到的社会排斥，致使罪错未成年人处于一种亚社会状态。在自我控制能力较差和亚社会状态交互影响下，其再次犯罪的可能性增加。由此产生一个悖论，即记录未成年人犯罪的目的是预防犯罪，结果却增加了未成年人犯罪的可能。为了调和这个矛盾，犯罪记录封存制度应运而生。

（二）基于标签效应的能动反应

“犯罪的实体是不法与责任，其法律后果就是对犯罪人及其犯罪行为的否定评价。”[①]对行为的否定评价，司法程序结束即宣告结束；而对行为人的否定评价则存在长久的潜在影响，某种程度上相当于为行为人贴上了“坏人”标签。正如标签理论所认为，刑事司法活动以将犯罪人作为社会遗弃者、道德品质恶劣者、应受社会谴责的作恶者为观念基础，[②]行为人一旦进入刑事司法程序，在一般人的观感中，他就从一个普通人降格到了一个“有污点”的人。人们普遍厌恶、排斥被贴上坏人标签的人，面对社会的排斥和谴责，孤立的犯罪人，尤其是身心尚未成熟的未成年人，很难保持积极的自我形象。在社会与行为人的互动中，与其说是矫正，毋宁是进一步导致未成年行为人对这种坏的标定产生消极的认同感，从而实施与之相适应的行为，再次走上犯罪道路。标签理论进一步“寻根溯源”，认为犯罪性并非行为固有的本质，犯罪行为本身也不能为行为人贴上“坏人”的标签，只是由于社会群体通过法律制定的刑事司法程序及其规范性的防卫规定，才成功地为越轨者贴上了标签，而这不过是创造越轨行为的过程。这样的标定在少年儿童身上显得尤为明显，少年儿童的初次越轨行为如果不被发现，他会坚守自己本来的社会认同感继续遵纪守法。一旦经司法程序被贴上“犯罪人”的标签，继而因各种防卫社会的规定而难以融入正常社会，就可能产生“邪恶的戏剧化”现象[③]，从而按照其“少年犯罪人”的身份及行为规则形成继发性越轨。

标签理论事实上是将标签效应归因于刑事司法活动及刑事法律的规范性评价，批判其犯因性作用。这种批判一定程度上具有合理性和进步性，但亦不容否认其片面性和激进性。孤立的、片面的批判规范性评价的犯因性作用，本质上是将规范性评价和非规范评价混沌一体，掩盖了规范性评价的正义价值，忽视了非规范性评价的重大消极影响。“坏人”标签信息至少应当来源于三个过程：一是行为人实施犯罪行为时在场目击者的扩散传播；二是犯罪记录及其规范性评价——包括刑事和非刑事法律评价[④]的消极作用；三是刑事司法活动及其犯罪记录为社会所知悉。基于对标签效应积极一面的能动反应，实

---

① 张明楷：《刑法学》，法律出版社 2017 年版，第 498 页。

② 吴宗宪：《西方犯罪学》，法律出版社 2006 年版，第 394 页。

③ “坦南鲍姆的‘邪恶的戏剧化’现象理论认为：犯罪人是由社会制造的；犯罪人的产生过程，是一个社区对有不良行为的少年给予消极反应，使其对这种消极反应产生认同，从而逐渐走上犯罪道路的互动过程。”吴宗宪：《西方犯罪学》，法律出版社 2006 年版，第 394 ~ 397 页。

④ 例如，就学、入伍、就业政审等环节上的禁入及强制报告制度等。

体法规定未成年人免除犯罪记录报告义务、不构成累犯等，程序法将未成年人刑事案件不公开审理作为原则，最大限度地削减了刑事法律评价的标签效应。但尚存在非刑事法律评价和非规范性评价，且“非规范性评价，给犯罪人造成了长久存在的负面评价和消极影响，迫使犯罪人长期游离于正常社会之外”，[①]增强了再次犯罪的可能。

既然标签效主要是非刑事法律评价和非规范性评价的结果，阻却标签效就应当从削减二者的影响入手。犯罪行为时因目击者扩散传播形成的非规范评价，实属不可控事项，难以有实质解决方案，但是，一般而言，犯罪的隐蔽性决定了该类非规范性评价作用的有限性。既然犯罪记录本身是客观的，其规范性评价正当且已合理削减了影响，更重要的是，由于犯罪记录作为信息被获取，作为社会非刑事法评价和非规范性评价认知信息，才会产生标签效应。那么封存犯罪记录，显然能够切断信息获取途径，有效削减标签效应的影响。

（三）儿童最佳利益原则下的利益平衡

我国作为缔约成员国批准生效的联合国《儿童权利公约》（以下简称《公约》）第三条，确立了儿童最佳利益原则，意味着该原则在我国立法、司法活动中发挥指导和拘束作用。但儿童最佳利益原则，尚存不确定、模糊和随意等问题，在儿童利益与公共利益发生矛盾冲突时，尤其难以把握该原则的精神内涵。

在我国传统的思想观念中，儿童利益与公共利益具有同构性，乃至“儿童就是最大的公共利益”。但作为个体的儿童利益，并不总是与公共利益相一致。具体而言，罪错未成年人利益与犯罪记录制度的公共利益价值，存在尖锐的矛盾对立。因为犯罪记录“具有公共信息的属性，以公共利益为主导价值取向”，[②]出于防卫社会的需要，要求犯罪记录一定形式的公开，意味着标签效应的强化。最终有悖于保障儿童在自由与尊严的情境中获得全面与健全发展的要求。[③]

既然存在利益冲突，处理儿童事务中的利益选择成为关键。儿童最佳利益原则的确定和实施，成为处理罪错未成年人事务的准则。但如何实现儿童最佳利益呢？首先，需要在各种利益冲突的调和中寻求儿童利益最佳利益，而“只有将儿童作为权利主体，才能正确适用儿童最佳利益原则并调和适用中的各种利益冲突”。[④] 其次，未成年人作为权利主体，利益又与权利密切关联甚至被功利主义认为是权利的本质，[⑤]因而是其自身最佳利益的判断者。作为权利主体进行利益判断并非肆意，其“预设了两个前提：一是该所谓

---

① 于志刚：《犯罪记录和前科混淆性认识的批判性思考》，载《法学研究》2010 年第 3 期。

② 于志刚：《犯罪记录的体系化建构》，载《中国社会科学》2019 年第 3 期。

③ 《儿童权利宣言》原则二：儿童应享受特别保护，并应以法律及其他方法予儿童以机会与便利，使其能在自由与尊严之情境中获得身体、心智、道德、精神、社会各方面之健全与正常发展。

④ 王雪梅：《儿童权利保护的“最大利益原则”研究》（下），载《环球法律评论》2002 年冬季号。

⑤ 张恒山：《论权利的本体》，载《中国法学》2018 年第 6 期。

‘利益’是社会群体所普遍认为正当的利益；二是主体具备理性判断能力。前提一限制了利益主体对社会、他人及自身造成危害的程度；前提二限缩了未成年人对利益的理性判断”。[①] 申言之，随着儿童权利主体地位的确定，其应当受“先行确定的不得损害他人义务规则的限定”[②]，基于儿童理性能力的不足，国家需要结合未成年人已然的行为事实、主体危险性及回归社会的现实需要，合理介入并判断是否“损害他人”从而保障儿童最佳利益的实现。最后，未成年人犯罪记录客观上涉及未成年人利益，但与公共利益又存在矛盾对立。国家通过科学判断，认为被判处五年以下有期徒刑的未成年人，犯罪危险性较低。为了最大限度地削弱对未成年犯罪人的利益损害，对其犯罪记录技术性封存限制查询，正是一个法治国家的理性选择。[③] 当然，这种以高度盖然性为前提的理性评估，存在以部分国家和社会利益为代价的可能，然而，一个无所谓善恶的中性儿童，在社会化进程中滑向犯罪的深渊，虽不能否认儿童自身责任，但国家和社会也难辞其咎，因而，笔者认为这种代价应当是合理且必要的。

二、正本清源：犯罪记录封存与前科消灭关系祛魅

（一）“犯罪记录”“前科”关联关系聚讼

我国法律法规及相关规范性文件中零星设置了前科相关规定，并据以生成庞大的前科体系，但并无法律明文界定前科概念，犯罪记录与之如影随形。不解明“犯罪记录”与“前科”、“犯罪记录消灭”与“前科消灭”关系，必然导致两对关系近乎呈现一种不证自明的等同关系。关于“犯罪记录”与“前科”的概念，有观点将《刑事诉讼法》第二百八十六条归纳为“前科封存制度”，言外之意是将“犯罪记录”与“前科”等同。[④] 或在阐述前科概念时以犯罪记录为核心内涵，认为“前科是指收到有罪宣告的事实”[⑤]，实质上是将二者等同视之。还有观点在归纳总结我国司法解释用语的基础上，认为“‘犯罪记录’与‘前科’虽然有词义上的区别，但前科的所承载的实质上就是犯罪记录，二者没有本质上的区别”。[⑥] 关于“犯罪记录消灭”与“前科消灭”的关系，有观点在批判区分“犯罪记录”与“前科”概念的基础上，认为“犯罪记录与前科等同，前科消灭就是犯罪记录消灭”。[⑦]《刑事诉讼法》新增第二百八十六条以来，随着“犯罪记录封存”“前科封存”术语的应用，进一步加剧了关联关系的混乱。基于普遍存在的混淆犯罪记录与前科概念的观点，犯罪记录封存与前科封存在同等意义上使用，因而又存在“犯罪记录封存”或“前科封存”与“犯

---

① 魏书音：《未成年人的最佳利益、自由和权利》，载《中南大学法律评论》2015 年第 4 期。
② 张恒山：《论权利的本体》，载《中国法学》2018 年第 6 期。
③ 陈在上：《封存 消除 预防：未成年被追诉人权利保护三部曲》，载《青少年犯罪问题》2013 年第 6 期。
④ 亢晶晶：《理性对待未成年人前科消灭制度》，载《北京青年政治学院学报》2012 年第 3 期。
⑤ 李颖峰：《构建我国未成年人前科消灭制度的若干思考》，载《河南大学学报》（社会科学版）2018 年第 4 期。
⑥ 康均心、尹露：《我国前科消灭制度新论》，载《法治研究》2012 年第 11 期。
⑦ 刘传稿：《论未成年人前科消灭制度的设立》，载《云南社会科学》2013 年第 5 期。

罪记录消灭”或“前科消灭”的关系。

犯罪记录—犯罪记录封存—犯罪记录消灭，与前科—前科封存—前科消灭，两个递进关系分别以“犯罪记录”“前科”为基础。界定“犯罪记录”与“前科”概念的关系，成为厘清关联关系，揭开犯罪记录封存与前科消灭关系面纱的关键。

（二）揭开犯罪记录封存与前科消灭关系的面纱

犯罪记录是对行为人犯罪事实及其刑事裁决的客观记载，根本上发挥的是信息的存储功能，预防犯罪防卫社会是其价值所在。犯罪记录封存则是对客观犯罪事实这一数据的技术性保存，本质上是一种查询制度。详言之，犯罪记录封存即对于符合条件的未成年人犯罪相关信息设置查询权限，仅允许司法机关和有关单位等根据特殊需要依据法律规定查询获知。作为一种技术性保存手段，实质上是为犯罪相关信息“加了一把锁，配了几把钥匙”，并不对客观存在的犯罪事实产生任何实质性改变，仅仅是信息数据获取途径设置“障碍”，在一定程度上平衡了未成年人权益与社会利益的矛盾冲突，有利于未成年人复归社会。犯罪记录的本质是已然的犯罪事实，作为客观存在的事实，不以人的意志为转移，因而所谓“犯罪记录消灭”是一个伪命题。前科制度本质上是规范层面的评价制度，是对已然的、以刑事裁决为载体的对犯罪事实的评价。前科消灭在应然意义上应当是对犯罪记录的规范评价结果，即通过法律拟制，经过一定的考验期如果不再犯罪，虽然犯罪事实客观存在但规范层面拟制消灭，不再发生法律效果，其所导向的是规范评价之禁止。而“前科封存”，纯粹是犯罪记录与前科混概念淆背景下，对《刑事诉讼法》第二百八十六条的误读。

概言之，犯罪记录与前科制度既有联系又存在本质差异，一方面，二者联系表现为均以犯罪事实为基础，在犯罪事实范围上存在重合，犯罪记录作为事实基础，规范层面引发前科评价作用；另一方面，犯罪记录是前科制度的评价前提，前科制度是对犯罪记录的评价结论，二者本质上是前提与结果、评价与被评价的关系。[①] 因而，犯罪记录封存与前科消灭合乎逻辑的存在本质区别，被封存的犯罪信息领域范围内，前科消灭仍然是对被封存犯罪记录的评价结论，对符合消灭条件的前科，规范层面禁绝引用评价，不再产生法律效果。如刑事层面不得作为累犯、再犯依据，非刑事层面不得出具犯罪证明、免除报告义务等。然而，我国尚未构建前科消灭制度，因此，被封存犯罪记录刑罚裁量阶段的引用，不存在规范层面的障碍。

三、定分止争：犯罪记录封存与刑法裁量无必然联系

（一）刑罚的正当性根据及其裁量方法

事实层面，犯罪记录封存作为技术性保存手段，对犯罪事实不产生实质影响。曾经

① 于志刚：《犯罪记录和前科混淆性认识的批判性思考》，载《法学研究》2010 年第 3 期。

犯罪的经历之于再次犯罪后的刑罚裁量的影响，有赖于刑罚的正当性依据。因为明确的刑罚正当性能够为“法官和个人，提供量刑的正当化根据标准”，①并具以判断特定事项应否以及在何种程度上，在刑罚裁量时予以考量。

“自由应当作为默认值，强制规则永远需要其正当理由”，②刑罚作为最严厉的强制规则，因而必须有充足的正当依据。当前刑罚的正当性根据，“包括我国在内的世界各国都采取了并合主义的立场”。③ 该立场一方面吸收了报应论的优势。回答了“惩罚的正当理由是什么?”“可以惩罚什么类型的行为?”“惩罚应该多严厉?”详言之，刑罚应当以犯罪行为为前提，以犯罪人为施加对象，其轻重应当与犯罪行为的危害性相当。④ 以报应为基础限定刑罚的适用，尊重并保障个人权利，克服了相对主义为达到预防犯罪的正当目的，而存在的超出报应程度滥用刑罚权，将人作为预防犯罪工具的倾向。另一方面吸收了预防论防卫社会的优势。以防卫社会目的为补充，重视刑罚的目的性，克服了报应刑忽视社会利益为惩罚而惩罚的盲目正义观。因而，并合主义立场的经典表述为“因为有犯罪并为了没有犯罪而处罚”，将报应与功利相统一，完美调和了“刑法的二律背反性”，既满足了通过刑罚防卫社会保障社会利益的目的，又满足了限制刑罚权保障个人权利的要求。⑤

并合主义作为刑罚的正当性根据，以报应为基础、以预防为补充的原则，贯穿刑罚制定、裁量与执行的始终。刑罚裁量阶段报应与预防的矛盾最为常见，表现为报应要求大、预防必要性小，或者报应要求小、预防必要性较大。并合主义立场要求“当刑罪相冲突与刑需相冲突时，应当遵循报应限制功利、报应让步功利、报应与功利相调和的规则”。⑥ 详言之，当罪行较轻而预防必要性大时，报应限制功利的需求，不得因预防犯罪的目的而超越报应裁定刑罚；当罪行较重而预防必要性小时，报应让步功利需求，可以裁定对犯罪人有利的刑罚，但必须受报应与功利折中调和规则的限制，即报应对功利的让步必须适当，最大限度在正义与个人和社会利益间寻求最大公约数。预防论内部又存在特殊预防与一般预防的争论，但由于刑罚之于“犯罪行为不仅是通过对个人的作用，而且是通过一般公众的作用而得到遏制的，所以，特殊预防和一般预防作为刑罚的目的必须同时存在”，⑦因而特殊预防与一般预防对立统一于最终目的。预防论内部的这种对立统一的辩证关系表明，特殊预防与一般预防的考量并非静止的而是动态的，并且“在刑事法律活动的各

① 张明楷：《责任刑与预防刑》，北京大学出版社 2015 年版，第 12 页。

② [美]乔尔·范伯格：《刑法的道德界限》(第一卷)，方泉译，商务印书馆 2013 年版，第 8 页。

③ 张明楷：《责任刑与预防刑》，北京大学出版社 2015 年版，第 77 页。

④ 邱兴隆：《刑罚理性论辩——刑罚的正当性批判》，中国检察出版社 2018 年版，绪论第 2 页。

⑤ 张明楷：《责任刑与预防刑》，北京大学出版社 2015 年版，第 83 页。

⑥ 邱兴隆：《刑罚理性论辩——刑罚的正当性批判》，中国检察出版社 2018 年版，第 253 ~ 254 页。

⑦ [德]克劳斯·罗克辛：《德国刑法学总论》(第 1 卷)，王世洲译，法律出版社 2005 年版，第 45 页。

个阶段具有不同的主次关系”[①]。具体到刑罚裁量阶段，根据报应的需要限定刑罚程度后，主要通过评估犯罪人的人身危险性大小，考量预防必要性大小调节刑罚量，因而特殊预防应当重点考虑，而对于一般预防，因其具有将人工具化的可能，除有利于犯罪人利益外，不得根据一般预防必要性较大，酌定从重处罚。

并合主义立场的刑罚正当性根据，满足了刑罚目的与手段的要求。如前所述，报应刑的优势是限定刑罚程度，预防刑的优势是满足了刑罚的目的性需求。报应与责任刑对应，防治犯罪的合目的性与预防刑对应。量刑阶段，量刑应当遵循并合主义的刑罚正当性立场，根据罪行轻重和影响责任刑的量刑情节确定责任刑，在责任刑之下根据影响预防必要性大小的情节确定宣告刑。因而，围绕并合主义立场的量刑原理，应当区分影响责任刑的情节与影响预防刑的情节裁量适用。根据责任主义的观点，“影响责任刑的情节包括不法事实和表明责任程度的事实”；[②]影响预防刑的情节实际上是对特殊预防必要性大小的判断，包括表明人身危险性大小的事前、事后等情节。[③] 对于犯罪记录与刑罚裁量的关系的判断，应当围绕并合主义立场的量刑基本原理展开。以成年人为范本，犯罪记录反映了行为人的再次犯罪的可能性较大，因而属于影响特殊预防刑的情节，在责任刑限定下影响刑罚裁量。但在未成年人领域，犯罪记录是否影响刑罚裁量，因未成年人身心发育的特殊性，在实体和规范层面均需进一步深入分析。

（二）未成年人被封存犯罪记录刑罚裁量之谦抑

《刑法》第六十五条明文规定未成年人不构成累犯，根据这一排除性规定，结合未成年人身心发育的特殊性，在裁量未成年人犯罪记录对于预防刑的影响时，应当从实质和规范两个层面把握。结论先行的意义上，对于未成年人的犯罪记录，刑罚裁量时应当保持谦抑，至少对于符合封存条件的犯罪记录，一般应当否定其特殊预防必要性。

实质层面，未成年人因其身心发育的特殊性排斥犯罪记录纳入预防刑考量范围。未成年人可塑性极强，其人格始终处于较为“活跃”的发展进程中，就像尚处于创制阶段的泥胎，经历完整的社会化进程才能烧制成陶瓷，从而具备稳定的结构。换言之，未成年人阶段的犯罪虽然体现出一定的人身危险性，但这种人身危险性始终处于较易转变的状态。经刑罚及其他方法教育改造后，其未来的发展是否仍具有犯罪危险性倾向，不能类比具有稳定人格的成年人，而不加证明的一般认定为具有较强人身危险性。因而，有犯罪记录的未成年人是否仍具有人身危险性需要证明，但“现代科技水平尚未达到能够预估特定人未来是否犯罪可能，对于再犯罪危险性的判断只能依赖经验性的各种条件予以判断”，[④]经验性的判断又必须基于具有稳定性的人格，而这恰恰是未成年人不具备的。

① 陈兴良：《刑法哲学》，中国政法大学出版社 2004 年版，第 359 页。

② 张明楷：《论影响责任刑的情节》，载《清华法学》2015 年第 2 期。

③ 张明楷：《论预防刑的裁量》，载《现代法学》2015 年第 1 期。

④ 张明楷：《责任刑与预防刑》，北京大学出版社 2015 年版，第 48 ~ 50 页。

既然如此,对于有犯罪记录的未成年人,也只能视为已经改造完成的“清白人”,其之所以再次犯罪,不是其曾经的犯罪性的延续,而是特定时空条件下新形成的犯罪性。况且此罪之再犯危险未必有彼罪的再犯危险,基于儿童最佳利益原则,也反对承认未成年人的犯罪记录的不确定性不利影响。因此,未成年人犯罪记录不应当纳入预防刑的考量范围。

规范层面,“举重以明轻原理反对未成年人犯罪记录纳入预防刑考量范围”。[①] 未成年人可塑性强,且其犯罪更多的是基于社会环境的刺激以及监护教育等的失败所致,可资非难性降低,因而不构成累犯。且未成年人的低自我控制能力更多的是源于其生理的因素影响,更值得谴责的是提供适宜犯罪机会的外在因素。因而,虽然未成年人曾经犯罪,不是已然形成了犯罪危险性人格,毋宁是“天性”遭遇适宜犯罪机会使然。况且,如上所述,所谓彼罪之人身危险性未必代表此罪之人身危险性,这并非不证自明。既然已然的犯罪更多的是身心发育特殊性所致,且犯罪危险性存在此罪与彼罪之间的不可证明性,证成未成年人身危险强,预防必要性大的基础缺乏,因而不应当作为预防刑裁量的支撑依据。“出其罪者举重以明轻”,未成年人尚且不构成累犯,何以构成再犯?不构成累犯的规定意味着,不得考虑未成年人所谓犯罪危险性人格。这应当是有或无的关系,而非多与少的程度关系,因而不得将已然之罪作为考量预防刑的考量因素。虽然不能避免未成年人事实上存在固有的危险性倾向,但规范层面倾向将曾经犯罪的未成年人,视为不存在这种危险性倾向,就像以规范否定未满 14 周岁以下未成年人的刑事责任能力一样。如果说对不符合犯罪记录封存条件的未成年人已然犯罪事实,否定纳入预防刑考量范围尚存疑虑的话,对于符合犯罪记录封存条件的已然犯罪事实,则应当持坚定的否定态度。因为如前所述,国家技术性保存符合条件的未成年人犯罪记录,不仅是基于利益平衡的合理代价,而且从某种意义而言,实质上是规范地否定了相应未成年人具备犯罪危险性。

① 张明楷:《责任刑与预防刑》,北京大学出版社 2015 年版,第 341 页。

论认罪认罚案件的证明标准

史　瑞　韩彦霞*

摘要：如何在公正和效率之间寻找平衡点，是刑事司法一直所面临的难题。认罪认罚制度能够提高办案效率，节约司法资源，但是认罪认罚案件是适用"排除合理怀疑"的严格证明标准，还是适当降低证明标准，成了争议的焦点。可以适当降低证明标准，根据所要证明的内容的不同，采用不同的证明标准，以确保认罪认罚制度改革的初衷得以实现。

关键词：认罪认罚　证明标准　排除合理怀疑　比例原则

2018年10月修改后的《刑事诉讼法》第十五条规定犯罪嫌疑人、被告人自愿如实供述自己的罪行，承认指控的犯罪事实，愿意接受处罚的，可以依法从宽处理。这标志着认罪认罚从宽制度全面推行。在认罪认罚案件中，由于犯罪嫌疑人、被告人认罪认罚，使控辩对抗明显弱化，认罪认罚案件是否还要沿用"排除合理怀疑"的证明标准，已经成为理论研究和司法实践中不可回避的问题。本文拟从认罪认罚与无罪推定原则的关系入手，探讨适当降低证明标准的合理性，并进一步分析如何适当降低证明标准。

一、认罪认罚对无罪推定原则的影响

在刑事公诉案件中，由国家来充当控方，而检察机关就是追诉职责的具体承担者。被告人面对检察机关的强力追诉活动，天然处于弱势地位，不可能像在民事诉讼中那样与起诉方进行势均力敌的对抗。为了实现控辩双方平等对抗，避免追诉权的不当行使对个人造成侵害，现代刑事诉讼制度确立了"无罪推定"原则，为刑事被告人构建起一个坚

---

* 史瑞，江苏省宜兴市人民检察院员额检察官；韩彦霞，江苏省无锡市人民检察院法律政策研究室副主任。本文系江苏省第五期"333高层次人才培养工程"科研资助项目"认罪认罚从宽制度适用研究"（课题编号：BRA2019155）阶段性研究成果。

固的法律屏障。根据无罪推定的原则，任何人在法院作出有罪裁判之前，都是法律上的无罪之人，公诉方只有将其起诉主张证明到很高的程度，才能推翻无罪推定，否则法院只能作出无罪判决。根据我国刑事诉讼制度，刑事案件要达到“排除合理怀疑”的证明标准，才能推翻无罪的推定。

但是，无罪推定原则的前提是在法庭上存在立场直接对立的控辩双方，其中，控方要追求刑事追诉的效果，需要证明犯罪事实的存在，以说服法院定罪判刑作为自己的诉讼目标；被告人及辩护人则将推翻或削弱控方的证明作为本方的诉讼目标。在认罪认罚案件中，被告人、辩护人是认同控方的诉讼主张的，法庭上对立的诉讼主张几乎不存在。认罪认罚从宽制度是传统刑事司法理念向协商型刑事司法理念转变体现。前者以证据运用为手段，以追求案件真实为目标，这是欧洲大陆传统刑事司法的基本定位；后者以控辩双方合作及协商为基本手段，以节约诉讼时间、提高诉讼效率为追求目标，程序带有极强的“契约”色彩，以美国为代表。[①] 前者职权主义色彩浓重，后者当事人主义色彩明显，但是两者不存在不可逾越的鸿沟。“1997 年德国联邦上诉法院在一个开创性案例中认为，即使法院未在掌握相关证据之前就作出有罪判决，但只要法庭成员和所有当事人都参与了协商，并且协商是公开的，法庭与当事人之间就审判结果达成的合意就是允许的。”[②]因此，认罪认罚虽然没有否定无罪推定原则，但是因认罪认罚案件庭审的对抗性减弱，或多或少对无罪推定原则产生了冲击。在对抗性司法中，被告人在国家追诉活动中处于弱势，保障人权是刑事诉讼追求的重要目标，“排除合理怀疑”也是实现该目标的制度产物，但是认罪认罚案件控辩矛盾冲突不明显，对整个刑事诉讼证据制度产生了冲击。“排除合理怀疑”这一很高的证明标准，是否也适用于认罪认罚案件，就成为理论和司法实践中必须要关注的问题。

二、同一证明标准说面临的挑战

对于认罪认罚案件，采用何种证明标准，尚未形成比较明确的意见，争议较大。当前存在两种主要的观点：一种是“同一证明标准说”，认为“试点认罪认罚从宽制度并没有降低法定的证明犯罪的标准，在实践中也没有降低法定证明标准的亟须程度”。[③] 仍然坚持认罪认罚案件的证据要达到“确实、充分”，对事实的认定应当排除合理怀疑。甚至还有学者认为“我们推行的认罪认罚必须在案件事实清楚证据确实充分的条件下进行，不允许司法机关借认罪认罚之名，让犯罪嫌疑人、被告人承受事实不清证据不足情形下的罪与罚，依此减轻或降低检察机关的证明责任。”[④]另一种是“证明标准适当降低说”，认为

---

① 施鹏鹏：《法、意辩诉交易制度比较研究》，载《中国刑事法杂志》2007 年第 5 期。

② ［德］托马斯·魏根特：《德国刑事诉讼程序》，岳礼玲、温小洁译，中国政法大学出版社 2004 年版，第 167 页。

③ 樊崇义：《认罪认罚从宽与刑事证据的运用》，载《南海法学》2017 年第 1 期。

④ 陈卫东：《认罪认罚从宽制度研究》，载《中国法学》2016 年第 2 期。

对被告人定罪事实证明所要达到的确信程度可适当低于普通程序所要求的“排除合理怀疑”，对证明标准可适当宽松。① 两种观点截然对立，而且“主张直接降低证明标准者仅为少数派观点，而多数意见则试图坚持刑事诉讼法所确定的‘事实清楚，证据确实、充分’之标准。”②笔者认为，证明标准的设立，直接关系司法实务部门的工作负担，影响认罪认罚制度改革缓解案件压力、提高诉讼效率初衷的实现。而占主流观点的“同一证明标准说”仍然受到以下质疑：

（一）无法得出认罪认罚案件采用“排除合理怀疑”的严格证明标准所判决的案件必定比采用“适当降低证明标准”所判决的案件要正确的结论

笔者认为，认罪认罚案件采用适当降低证明标准出现错案的概率不一定比采用严格证明标准出现错案的概率高。理由如下：(1)理性人的常识。“两大法系国家赋予认罪供述高度证明力，是基于理性人一般不会自我归罪的常识。如果犯罪嫌疑人自愿供述有罪，这种供述极有可能是真实的，只要有一定的证据佐证其真实性即可。这对我国刑事司法也是适用的。对认罪认罚案件，特别是速裁案件，应重点审查供述的自愿性。如果供述确系自愿，应肯定口供的证明力，降低补强要求。”③反之，如果被告人不愿意认罪，否认指控的犯罪事实，即使是坚持“排除合理怀疑”的标准，通过其他证据来证明其构成犯罪，出现错案的可能仍然存在。(2)司法资源的有限性。希望坚持“排除合理怀疑”来杜绝认罪认罚案件出现错案是不现实的。一般来讲，程序越复杂，庭审越漫长，证据得到更充分的检验，案件事实得到更充分的调查，越有利于防止错案。理想受现实的制约，司法资源的有限性决定了不可能每个案件都要以相同的程序审查，面对日益加剧的案多人少矛盾，做到繁简分流，这也是推行认罪认罚制度的重要原因。

（二）“同一证明标准说”违背司法规律

“同一证明标准说”认为认罪认罚案件仍然要维持“排除合理怀疑”的严格证明标准。在排除合理怀疑标准语境下，法庭审判过程经常被界定为法庭不断发现合理怀疑与排除合理怀疑的过程。控方承担证明责任，其主要职责在于通过示证、质证、辩论等活动，帮助裁判者排除被告人有罪的合理怀疑；辩方有权利通过指出控方证明中的问题、矛盾，针对指控进行辩解、驳斥，出示有利于自己的证据，帮助裁判者发现指控中的合理怀疑；而裁判者则居中裁判，经过控辩双方的充分博弈，最终作出有罪或无罪的裁判。因此，排除合理怀疑标准有效适用的逻辑前提，是控、辩、审三方结构的科学构建与各自诉讼职能的圆满完成。④ 认罪认罚案件中，由于对抗性不明显，尤其是控辩双方的诉讼主张不存在冲突，如果辩护人、被告人对检察机关的指控都没有产生任何怀疑，法庭自然丧失“合理怀

① 谢登科：《论刑事简易程序中的证明标准》，载《当代法学》2015 年第 3 期。

② 孙远：《论认罪认罚案件的证明标准》，载《法律适用》2016 年第 11 期。

③ 秦宗文：《认罪认罚从宽制度的效率实质及其实现机制》，载《华东政法大学学报》2017 年第 4 期。

④ 杨宇冠、孙军：《“排除合理怀疑”与我国刑事诉讼证明标准的完善》，载《证据科学》2011 年第 6 期。

疑”的基础。当然，认罪认罚不必然消除法庭的“合理怀疑”，但是，法庭在控辩双方争议之外产生怀疑，不可避免地具有倾向性，在这种倾向性支配下进行的事实调查能否保证客观性，值得怀疑？笔者认为，认罪认罚案件协商型刑事司法色彩浓重，排除合理怀疑是对抗性司法的产物，不可将排除合理怀疑生搬硬套在认罪认罚案件中。否则会产生以下“司法怪相”：认罪认罚案件庭审中，被告人和辩方与检察机关共同努力，携手合力消除法庭产生的怀疑，让本应当担任裁判员的法官，成为与被告人、辩护人、检察机关角力的对手。

（三）“同一证明标准说”有悖于认罪认罚制度的初衷，并导致法庭调查形式化

从经济学的角度来看，人们的司法需求是无限的，而司法资源是有限的，必须要发挥司法资源效用最大化，通过合理调配司法资源，使公平与效率之间达到最佳平衡，实现司法资源收益最大化。实行认罪认罚制度，目的就是通过繁简分流，做到“简案快办，难案细办”。认罪认罚制度在公正与效率的冲突中，赋予效率优先性，但是效率优先不等于放弃公正。认罪认罚案件中，被告人自愿、明知、理性的认罪认罚导致错案的概率很低，国家可减少在查明事实上司法资源的投入。认罪认罚案件的特殊性决定了实现诉讼效率的天然优势。如果还适用“排除合理怀疑”的证明标准，则不能有效发挥其节约司法资源的功效。此外，如果坚持“同一证明标准说”，一方面追求司法资源节俭和提高效率，另一方面又企图通过维持严格的证明标准来保证案件质量，两者之间也存在逻辑困难。在认罪认罚案件中，被告人、辩护人对检察机关认定的事实、起诉的罪名和量刑建议都没有异议，控辩双方的争议不存在。对没有争议的事实和证据仍然机械套用“排除合理怀疑”的标准去举证、质证，只会让庭审流于形式，反而是对司法资源的一种浪费。

三、证明标准适当降低说的应然性分析

认罪认罚证明标准适当降低，不是指将被告人认罪认罚作为对其定罪量刑的唯一依据，仍然要求对其他证据予以关注，仍然要审慎地确定案件事实，只是与不认罪认罚的案件相比，证明标准可以适当降低。由于被告人通过认罪认罚，而放弃了“排除合理怀疑”所赋予的诉讼法上的保护，国家能节约司法资源，作为程序回报，在对被告人量刑上从轻处罚。笔者认为，认罪认罚案件适当降低证明标准，其应然性体现在以下方面：

（一）证明标准适当降低说符合《刑事诉讼法》的文义解释，而且文义解释优先于体系解释

因为被告人、辩护人对指控的事实、确定的罪名和量刑建议没有异议，绝大多数认罪认罚案件都是适用简易程序。根据《刑事诉讼法》第二百一十四条第一款第一项的规定，简易程序适用的条件之一是“案件事实清楚、证据充分”。作为适用条件的“证据充分”，实际上相当于认罪认罚案件有罪判决的证明标准。这里的“证据充分”与《刑事诉讼法》第五十五条“没有被告人供述，证据确实、充分的，可以认定被告人有罪和处以刑罚”和第

二百条第一项“案件事实清楚，证据确实、充分，依据法律认定被告人有罪的，应当作出有罪判决”存在表述上的差异。前者为“证据充分”，后两者是“证据确实、充分”。证据确实，是对证据质的要求，要求据以定案的证据是真实的，不是虚假的，着眼于单个证据的证明力，要求证据必须查证属实；证据充分，是对证据量的要求，要求足以证明案件事实的证据必须达到一定的量，它与证据不足或者不充分对立，着眼于证据的数量，即证据的数量足以认定被告人有罪。按照文义解释，认罪认罚案件与非认罪认罚案件证明标准应当存在差异。

（二）证明标准适当降低说契合认罪认罚制度节约司法资源、提高效率的初衷

推行认罪认罚制度的动力是为了缓解案多人少的矛盾。如何缓解矛盾，不是依靠增加司法人员的劳动强度、延长司法人员的工作时间，而是依靠于优化司法资源配置，在认罪认罚案件程序上简化工作流程，在实体上降低证明标准。有学者认为，“因为简易程序的程序简化，首先是举证、质证、认证的程序简化，而且简易程序以被告认罪为前提，此时如果仍然要求严格的证明方法并适用很高的证明标准，则与简易化的程序法理不兼容”。[①] 按照该观点的逻辑，认罪认罚案件庭审的对抗性减弱，如果还适用严格的证明标准，则与简化的程序不兼容。从司法实务的角度来讲，“现实的问题是，要提高办案效率必然要缩短办案时间，在不改变现有办案模式的情况下，能够缩短的办案时间非常有限，而如果对于认罪认罚案件与不认罪案件在证明标准和证据要求方面不做区别把握，则两种类型案件的办案模式事实上也不会有区别，提高办案效率的目的也就没有了实现的基础。”[②]因此，认罪认罚案件降低证明标准势在必行。

四、认罪认罚案件证明标准如何适当降低

认罪认罚案件证明标准的确定，需要考虑人权保障、诉讼效率和实体公正等多方面因素，证明标准的降低主要原因是基于被告人认罪认罚，导致审判过程不需要严格依据“排除合理”的证明标准，但是，证明标准的适当降低，并不意味着放松对实体公正和人权保障的追求。笔者主张对于认罪认罚案件，根据证明内容的不同，可以采取不同的证明标准：

（一）犯罪构成要件事实的证明标准

犯罪构成要件事实是指对犯罪定罪有关系的事实、情节等，涉及是否构成犯罪、此罪与彼罪等内容。对于犯罪构成要件事实的证明标准，笔者认为：

1. 构成要件事实必须有证据证明。被告人即使认罪认罚，认定其构成犯罪的事实仍然需要证据予以证明。认罪认罚案件证明标准的宽松，不意味着仅凭被告人供述就能定

---

① 龙宗智：《中国法语境中的“排除合理怀疑”》，载《中外法学》2012 年第 6 期。

② 苗生明：《认罪认罚案件对公诉人举证质证等工作的新要求》，载《人民检察》2016 年第 2 期。

罪,除了审查认罪认罚的自愿性、真实性、合法性之外,仍然需要审查案件事实的证据,需要有口供之外的其他证据予以补强,避免出现证明惰性,导致出现错案。此外,刑事案件还可能涉及公共利益,防止被告人虚假认罪而侵害公共利益。

2. 遵循比例原则分类确定不同的证明标准。有学者认为,“认罪认罚案件包含的案件类型非常多,鉴于法律和相关的司法解释对于适用该程序的案件类型并没有进行特别限制,在相关的证明标准上就需要予以区分。对于轻罪案件,着重审查认罪认罚的自愿性、真实性,而对于重罪案件在适用上则注重审查相关的客观物证,相关证据能够形成基本的证据链条。随着案件的可能判处的刑期的增高,相关的证明标准的把握则应该更加严格。”①笔者认可这种观点。因为处刑越重,被告人付出的代价越大,处刑的准确性就应当越高,司法证明就越应该严密,故可以按照可能判处刑罚的轻重,采取不同的证明标准。同样是认罪认罚的案件,以危险驾驶罪为例,被告人只要作出有罪供述,并且血液乙醇含量鉴定意见书证明乙醇含量超标,就可以定罪,但是对于可能判处死刑立即执行的故意杀人罪案件,即使被告人作出有罪供述,有目击证人的证言印证,仍然需要慎重收集、审查证据,因为死刑一旦执行,结果无法逆转和弥补。

笔者主张“重罪则严,轻罪则松”的证明标准,按照罪行的轻重,对应不同的证明标准。可能判处刑罚不满一年为微罪,一年以上不满三年为轻罪,三年以上为重罪,按照比例确定不同证明标准。具体如下:

(1)微罪案件:采用优势证明标准(天平法则)。基于利益衡量与错案风险评估,这类案件应以效率优先,在充分保障被告人有罪供述的自愿性的前提下,承认口供的核心地位,只要有确实可靠的证据确保口供真实性,即可进行整体认定案件事实,不必要求对口供全方位印证。对于微罪案件,庭审的重点应当放在查明被告人明确知晓认罪认罚的后果和内容,避免被告人被办案机关促成不理智的认罪认罚。对认定构成犯罪的事实证明标准应当予以降低,只要没有证据或者证据不足以推翻被告人认罪认罚所承认的犯罪事实,即使存在合理怀疑,仍然定罪处罚。但是,对于微罪案件不是说只有被告人供述即可认定案件事实,仍然需要有其他证据予以部分印证被告人的供述,否则案件事实不能认定。

(2)轻罪案件:采用“紧邻排除合理怀疑的盖然性”的证明标准。没有其他证据足以推翻被告人认罪认罚的事实,即使合理怀疑仍然存在,但是侦查机关已经尽力侦查,对于合理怀疑既不能证明是真,也不能证明是假的情况下,仍然定罪处罚。在司法实践中,最常见的就是电信网络诈骗案件。例如,某“微信交友诈骗”案件,被告人以谈恋爱为幌子,与微信网友聊天后,要求微信网友发 131.4 元的红包给自己,以证明对方喜欢自己,在被害人发给 131.4 元红包之后,被告人立即将被害人拉黑不再联系。侦查机关对被告人的

---

① 廖顺清:《浅谈认罪认罚从宽制度的四个维度》,载《法律适用》2020 年第 5 期。

账单资料进行了调取，被告人称自己账户中凡是转入 131.4 元的金额都是诈骗，侦查机关梳理出被害人有 200 人，被告人也予以认可。侦查机关在法定期限内尽力侦查后，只是获取到 50 名被害人被骗的陈述。检察机关认定被告人诈骗 200 人，总金额为 26,280 元，被告人也认罪认罚。客观上，确实还有 150 名被害人证明被骗的陈述这些重要的证据没有获取，也仍然存在这 150 笔转账可能有一些不是电信诈骗金额的合理怀疑(例如，被害人已经发现对方是诈骗，但是觉得对方陪自己聊这么长时间也不容易，让自己心情愉悦，就当是施舍给骗子的一点“辛苦费”，然后转账付款 131.4 元)。此种情况下，证据虽然有欠缺，合理怀疑也确实存在，但是结合被告人认罪认罚和被告人的账单资料，仍然能够认定其诈骗金额为 26,280 元。

(3)重罪案件：沿用“排除合理怀疑”的证明标准。因为重罪案件会对被告人的自由、生命产生非常重大的影响，认定被告人构成犯罪必须慎之又慎，公正优先于效率，故仍然沿用严格证明标准。证明标准要求达到证据与证据之间、证据与案件事实之间不存在矛盾或者矛盾得以合理排除的前提下，根据证据认定案件事实的过程符合逻辑和经验规则，由证据得出的结论为唯一结论。

(二)量刑情节的证明标准

对于量刑有关的情节，例如，从重、加重、从轻、减轻、免除以及适用缓刑等不涉及犯罪构成的情节，适用“谁主张，谁举证”的举证责任，而非将所有的举证责任都归于控方。这种制度设计的原理就是避免将“有利于被告人”原则随意扩大化。例如，被告人有无数个检举揭发，在检察机关无力逐一证明其检举揭发的内容不属实的情况下，如果还是由检察机关来承担举证责任，那么按照“有利于被告人原则”，就会出现推定被告人有立功的量刑情节，这就会出现让人难以接受的结果。在此证明责任分配的前提之下，笔者认为，认罪认罚案件量刑情节证明标准应当分为两类：其一，不利于被告人的从重、加重刑罚的量刑情节，应当按照严格证明标准，采取“排除合理怀疑”的标准。例如，检察机关认定被告人构成累犯，如果检察机关提供的证据达不到“排除合理怀疑”的标准，则不能认定被告人为累犯。其二，有利于被告人的从轻、减轻或者免除刑罚量刑情节采用优势证据标准。只要证明从轻情节的证据证明力大于不存在从轻情节证据的证明力，就可以认定被告人具有从轻情节。达不到证据优势标准的不予以认定从轻、减轻或者免除刑罚量刑情节，而不是存疑从轻。例如，户籍资料显示被告人已满 18 周岁，而被告人提出自己未满 18 周岁的主张，并提供了医院的出生证明。医院的出生证明是证明一个人出生日期和母子关系的原始证据，而由于户籍资料是根据出生证明登记，以及可能存在的人工录入和转录的差错，故出生证明的证明力大于户籍资料，根据优势证据标准，可以认定被告人系未成年人。

(三)程序事实的证明标准

认罪认罚案件的程序事实，主要包括认罪认罚的自愿性和非法证据排除两项内容。

被告人认罪认罚的“自愿性”,不是心理学上的概念,而是法律上的概念。从心理学来说,作为正常人没有人愿意接受刑法处罚。法律上的“自愿性”,是指被追诉人认罪认罚是在意志自由的情况下作出的,而没有被采用法律所禁止的刑讯逼供、暴力威胁、引诱、欺骗等让被追诉人认罪认罚。对于被告人是否自愿真实认罪认罚,其证明标准应当严格,要达到“确实、无疑”的标准,法庭通过直接言词的审理方式确认是否自愿,即法庭要当面讯问被告人,查明被告人对指控的事实、确定的罪名和量刑建议是否有异议,是否有值班律师或者辩护人在场,认罪认罚是否是真实的意思表示,需要将被告人认罪认罚的意愿当面展示给法庭,并且法庭还要查实以彻底排除受刑讯逼供、暴力威胁、引诱、欺骗而认罪认罚的可能。对于非法证据排除,采取“排除合理怀疑”标准。只要有初步证据证明可能存在非法证据事实的,公安机关如果对证据的合法性不提供证据加以证明,或者已提供的证据不够确实、充分的,确认或者不能排除存在以非法方法收集证据情形的,检察机关可以依职权排除非法证据。排除的证据如果对于定罪量刑有影响的,检察机关应当根据审查后重新认定的事实开展认罪认罚工作。在审判阶段排除非法证据,还必须按照举证、质证、辩论的程序进行,如果法庭排除的非法证据对定罪量刑有重要影响的,检察机关应当及时调整量刑建议,或者法庭根据最终认定的事实作出合理的裁判。

被害人参与认罪认罚制度的悖论与平衡

孙 亚 袁海花*

摘要:认罪认罚制度通过犯罪人的认罪认罚,对案件实行繁简分流,达到提高诉讼效率、实现社会利益和个人利益平衡的目标,被害人作为当事人在刑事诉讼中享有权利,但通过实证研究发现,被害人在该制度运行过程中发挥的作用无法契合认罪认罚制度的功能定位,正确界定被害人在认罪认罚制度中的诉讼权利以及在量刑中的作用是完善认罪认罚制度的重要命题。

关键词:认罪认罚 被害人权利保障 量刑意见

2018 年《刑事诉讼法》正式确定认罪认罚制度,2019 年最高人民法院、最高人民检察院、公安部、国家安全部、司法部(以下简称"两高三部")印发《关于适用认罪认罚从宽制度的指导意见》,自此认罪认罚制度形成了一个完整而独立的诉讼体系。为将认罪认罚从宽制度的作用完全发挥,必须兼顾犯罪人和被害人①的权利,但从基层办案发现,被害人在认罪认罚制度中发挥的作用无法完全契合该制度的功能定位,存在被害人参与刑事诉讼权利保障不足、对认罪认罚案件处理有过高影响力等问题。以笔者所在地区的一起案件为例:

2018 年 10 月 8 日 10 时许,在一夹芯板厂内,田某某为索要工资与老板娘夏某某发生矛盾,采用钢管殴打、拳击、脚踢等手段伤害夏某某,致夏某某多处受伤,损伤程度属轻伤一级。事发后,田某某主动投案,自愿认罪认罚,表示愿意赔偿被害人损失,多次通过村干部、派出所协商,试图对被害人进行赔偿,均遭拒绝。被害人明确表示宁可不要赔偿也不谅解犯罪人,并多次上访要求从重追究犯罪人的刑事责任。当地法院认定田某某构

---

* 孙亚,江苏省如皋市人民检察院检察长;袁海花,江苏省如皋市人民检察院第六检察部副主任。

① 本文所指的犯罪人指犯罪嫌疑人、被告人;被害人包括被犯罪行为直接侵害的被害人和享受被害人利益的被害人近亲属。

成故意伤害罪,认罪认罚可以从宽处理,但根据犯罪情节不宜适用缓刑,判处田某某有期徒刑一年。一审判决后,田某某上诉。被害人夏某某以量刑偏轻,适用刑罚不当向检察机关申请抗诉,并持续上访。

实践中此类被害人屡见不鲜,如"上访妈妈"唐某等,在被害人诉讼主体地位重新回归的当下,随着恢复性司法理念的引入,审判实践中存在的大量案例表明被害人诉求已成为影响犯罪人刑罚的重要情节,尤其是认罪认罚案件。需要正确处理被害人诉求,引导被害人参与量刑协商,在保障被害人权利的同时避免其左右司法。

一、被害人参与量刑的正当性依据

(一)被害人参与量刑的制度价值

1. 恢复性司法体现被害人主体地位。被害人学研究表明:"犯罪人并非生活在真空之中,犯罪与被害是一体两面的,犯罪从来就不是犯罪人的独角戏,而是犯罪人和被害人互动的'二人转'。"①恢复性司法注重被害人的地位,促进被害人和犯罪人的互动,同样认罪认罚制度体现合作式司法,实施犯罪行为一方在该制度中有机会也有责任弥补、修复因其行为而产生的损失,抚慰被害者的情绪,被害人的权益也通过参与刑事司法程序最终得到保障。实践中,不主动退赃退赔、赔礼道歉的犯罪人不在少数,但可以提起附带民事诉讼的刑事案件类型不多,大量的侵财案件不具备达成调解或和解协议的条件,也没有被赋予提起附带民事诉讼的权利。认罪认罚从宽制度以司法协商为基础,犯罪人为获得刑罚上的轻缓处理让渡部分权利,被害人作为刑事诉讼主体,在协商程序中获得话语权,发表量刑意见,达到弥补伤害修复受损社会关系的目的。

2. 查清案件便于对犯罪人准确量刑。被害人作为犯罪过程的直接亲历者,能够给司法机关提供最直接的案件资料,帮助查清案件事实。除此之外,被害人作为遭受犯罪侵害的受害者,通过参与量刑协商,表达被害情感、释放复仇情绪的同时,能够给司法机关提供准确的量刑信息,如民事赔偿情况、犯罪人危险性和真诚悔过程度,帮助司法机关准确认定认罪认罚从宽以及谅解酌情减轻处罚幅度,促进司法机关减少诉讼成本,避免申诉、抗诉、再审等程序的反复启动。

3. 监督确保认罪认罚制度公正实施。认罪认罚从宽制度是司法机关主导下的,与犯罪人间的司法协商,若缺少被害人的参与,制度运行则表现出不公开、不透明,增加司法权力寻租的风险。被害人作用的发挥,有助于及时发现刑事诉讼中相关职能部门对认罪认罚从宽制度的滥用,有助于及时提出诉求从而纠正可能因此而发生的放纵犯罪。② 因此,在认罪认罚协商程序中有效引入被害人参与,通过介入认罪认罚从宽流程,关注司法

---

① 刘军:《事实与规范之间的被害人过错》,载《法学论坛》2008 年第 5 期。

② 王敏远:《认罪认罚从宽制度疑难问题研究》,载《中国法学》2017 年第 1 期。

裁判结果，一方面及时监督和制约司法机关滥用权力，另一方面有效避免被害人心理诉求得不到满足而增加的信任危机。

（二）被害人影响量刑的立法渊源

传统理论认为，刑事法律关系是因犯罪事实而存在于犯罪人与国家之间的法律关系，即刑事法律关系的主体应当是犯罪人与国家之间的“二元结构模式”。在这种二元刑事法律关系之下，被害人被认为从属于国家司法机关，其利益由后者代表或者代替，没有主体独立性。[①] 直至注重被害人权益的恢复性司法逐渐成为主流，被害人得以参与刑事诉讼，加入国家—犯罪人刑事法律关系中，确立了被害人的刑事法律主体地位。最高人民法院2007年《关于为构建社会主义和谐社会提供司法保障的若干意见》、2010年《关于贯彻宽严相济刑事政策的若干意见》均提及被害人对量刑的影响，2010年由“两高三部”联合签发的《关于规范量刑程序若干问题的意见（试行）》，充分肯定被害人在诉讼程序中的量刑意见权。2012年《刑事诉讼法》除再次体现被害人在自诉案件中的价值，更为重要的是确立了以被害人谅解行为为核心的刑事和解制度，倡导双方主体之间的沟通，关注被害人需要，将取得被害人谅解作为刑事和解的前提，给予充分表达的机会。从具体罪名来看，《关于印发醉酒驾车犯罪法律适用问题指导意见及相关典型案例的通知》《关于办理盗窃刑事案件适用法律若干问题的解释》等，均在规定具体罪名中被害人谅解可以酌情从轻处罚。2017年《最高人民法院关于常见犯罪的量刑指导意见》规定了取得被害人谅解可以减少基准刑的幅度，充分肯定了被害人谅解作为酌定量刑情节在刑罚适用体系中的地位和功能。因此，在追诉犯罪的同时，法律规定通过刑事和解、听取意见等方式允许被害人就犯罪行为造成的危害、损失及赔偿等问题发表意见，体现了充分尊重被害人情感表达的价值取向。

（三）认罪认罚制度中被害人地位

2016年9月全国人大常委会通过《关于授权最高人民法院、最高人民检察院在部分地区开展刑事案件认罪认罚从宽制度试点工作的决定》（以下简称《2016年工作决定》），2016年11月“两高三部”联合出台《关于在部分地区开展刑事案件认罪认罚从宽制度试点工作的办法》（以下简称《2016年试点办法》）以及2018年《刑事诉讼法》，均规定了被害人的当事人主体地位，在刑事诉讼中尤其在认罪认罚从宽制度适用中享有相应的诉讼权利，履行相应的诉讼义务，以独立的诉讼主体的身份参与刑事诉讼过程。2019年10月，“两高三部”再次联合颁布《关于适用认罪认罚从宽制度的指导意见》（以下简称《2019年指导意见》），对被害人参与认罪认罚从宽制度作了相应规定。可见，伴随着认罪认罚制度的发展，我国传统的二元结构有望重构为“犯罪人—被害人—国家”的三元结构，被害人因素在定罪量刑中的作用越发被正视。

---

① 童敏：《被害人谅解影响定罪量刑的实体法分析》，载《河北法学》2017年第7期。

二、被害人参与认罪认罚案件的现实悖论

认罪认罚从宽制度的有效实施必须兼顾犯罪人和被害人的权利，被害人作为当事人，具有诉讼权利，但在刑事诉讼制度设计上对被害人地位保障存在欠缺，与司法实践中同时存在的被害人意见对认罪认罚案件存在过高影响形成了悖论。

（一）被害人参与刑事司法的制度供给不足

对被害人参与认罪认罚从宽制度的权利保障，我国在立法上的规定依然不够完善。《2016 年工作决定》强调的是检察机关与犯罪人之间的量刑协商，没有明确被害人意见的作用。《2016 年试点办法》从程序的角度保障认罪认罚从宽制度实施。2018 年《刑事诉讼法》从法律条文规定了当事人的主体地位，相比于以往有了长足进步，但关键性权利保障仍然存在限制和缺失，这必然影响司法实践。其主要体现在以下几个方面：

1. 程序权利方面。被害人在案件侦查和审查起诉阶段往往缺乏案件知情权和参与权，法律针对个别问题规定了司法机关应当告知被害人，但未明确赋予知情权。审判阶段，作为证人、当事人可以参与案件审理，却缺少当事人应有的二审启动、发表庭审意见等诉讼权利。从笔者所在地区，2018 年《刑事诉讼法》实施之后的 359 份判决书以及个别访谈发现，被害人参与案件审理主要限于轻微刑事案件，其他类型案件法院为提高诉讼效率，尤其是认罪认罚案件庭审程序明显简化，几乎不通知被害人参加，除提起附带民事诉讼的案件，被害人通过参与庭审表达量刑意见的情形屈指可数。因此，除法律允许的刑事和解以及提起附带民事诉讼外，被害人缺乏与犯罪人沟通交流的具体程序和途径，更不用谈参与认罪认罚协商过程，甚至协商以及判决的结果都未被告知，被害人知道结果的时候往往裁判结果已经作出，失去了最佳参与诉讼的机会，判决生效后由于缺乏二审启动权只能享有依赖于检察机关的非独立的抗诉请求权。

2. 实体意见听取方面。虽然《2016 年试点办法》第七条对听取被害人意见作出硬性要求，但该规定较为笼统，实际操作流程及违反后果均未明确。2018 年《刑事诉讼法》也要求审查起诉阶段或拟作不起诉决定时，检察机关应当听取被害人意见，审判阶段也将被害人意见作为量刑的考量因素，2017 年《最高人民法院关于常见犯罪的量刑指导意见》根据赔偿谅解情况确定了有区别的量刑幅度，但仍然没有涉及听取意见的详细流程规定以及被害人加重处罚意见的处理，被害人只能在检察机关指控的犯罪事实范围内提出主张，导致实务中听取意见流于形式。

3. 处理结果方面。笔者调查发现除刑事附带民事诉讼外，存在判决书未送达被害人的情形，判决书内容基本不体现被害人意见。犯罪人取得被害人谅解的，仅在判决书中作"与被害人就民事赔偿达成调解协议并履行，取得被害人的谅解，可酌情从轻处罚""已退赃，并取得被害人的谅解，可酌情从轻处罚"等表述。

一系列权利保障制度供给不足的后果就是引起非制度性参与的兴起，如李某某案的被害人亲属采取信访乃至集体上访的方式，药某某案中被害人的代理人采取在网络媒体

散布言论，产生这种现象的重要原因就是被害人参与刑事司法的程序缺失或者效力不足。因为当正式制度无法满足纠纷解决的需求时，非诉讼解决纠纷制度就成为弥补司法制度供给不足的有效手段和措施，[①]因此，出于对权力的迷信，被害人以信访方式参与刑事司法的比例较高，被害人上访与申诉占涉法涉诉案件的比例相当大，这必然进一步影响着司法。

（二）被害人意见影响量刑的随意性

犯罪行为发生后，被害人情感主要表现为宽恕和愤怒，两种不同的情感表达对定罪量刑的影响目前呈异化状态。

1. 司法适用被害人谅解意见无节制。恢复性司法和宽严相济政策的设置初衷是犯罪人真心悔悟，向被害人及其家属真诚道歉，取得被害人谅解的，在量刑上能够酌情从轻。但是谅解是以一种带有感性成分的被害人反应，容易受到错误导向的影响，无法真实反映犯罪人的表现。而司法机关往往因证据存在问题、地方维稳考核、上访压力，在促成犯罪人认罪认罚、当事人双方和解问题上过于用力，导致目前理论研究和实务操作均存在过度抬高被害人地位的问题，即只要被害人谅解，案件就可以无条件地适用刑事和解，[②]犯罪人从而获得从宽处罚甚至缓刑的机会，司法操作中这种从宽幅度甚至超过了自首等体现自身危害性的从轻减轻情节，导致公众对被害人谅解这一酌定情节普遍存在错误认知，一些被害人认为法律的首要价值是用于谋取利益，一些犯罪人认为可以赔钱减刑，从而在部分案件中出现被害人要挟巨额赔偿、犯罪人以功利化的从轻处罚为目的给付赔偿，如催生了交通肇事案件法律规定之外的由犯罪人承担额外补偿的现状。

2. 被害人非理性意见左右司法。刑事案件中的被害人因犯罪引发的愤恨情感，往往是非理性的，通常来说，被害人可能无限夸大犯罪事实，甚至以一种歇斯底里的态度，强烈要求司法机关加重对犯罪人的惩罚。[③] 这种非理性的情感是犯罪被害人的本能，是对犯罪行为的直觉反应，体现到司法程序中却能对定罪量刑产生影响。司法人员往往对这种情感表达把握不准，加之可能存在的被害人上访、媒体舆论、不合理考核等产生的压力，在量刑过程中可能会不自觉地抬高被害人意见的作用，从而产生量刑偏差。这种过分扩大被害人量刑影响，扩大被害人的量刑协商的主体地位、权限以及意见作用的现象，容易使公众以及行为人对刑罚的强制性、严肃性产生怀疑，还容易对认罪认罚从宽协商机制形成负面冲击。由于就犯罪而言，被害人的愤怒是“人之常情”，张明楷教授也表示：“被害感情因人而异，不同的被害人对相同的犯罪行为产生的被害感情不可能相同；法官对被害感情也难以进行客观判断，将被害感情作为增加责任刑的情节，必然导致量刑的

---

① 刘婷婷：《断裂与变迁：1949－1979 云南罗平县纠纷解决机制研究》，云南大学出版社 2011 年版，第 54 页。

② 于志刚：《论刑事和解视野中的犯罪客体价值——对误入歧途的刑事和解制度的批判》，载《现代法学》2009 年第 1 期。

③ 宣刚：《形势政策场域中的犯罪被害人研究》，中国社会科学出版社 2018 年版，第 122 页。

不公平。”[①]这种量刑私事化，只能强化国民的报复感情，使量刑与私人的复仇相混淆，陷入原始的报应论。

三、被害人参与认罪认罚案件的平衡

被害人在刑事诉讼中利益诉求主要是三个方面：犯罪人承担刑事责任；获得物质上的补偿和精神上的抚慰；得到尊重和公平的对待。[②] 因此，让被害人参与量刑既是对被害人利益诉求的回应，也是对促进认罪认罚制度实施的制度安排。从保障被害人权利需要表面看，回应被害人需要意味着要增加保障权利的制度安排，方能化解司法实践中的被害人困境，但通过调查分析发现一味增加被害人一方的制度供给既会影响犯罪人利益的实现，也会影响刑事司法权力运行的独立性，导致各方主体的权利失衡，因此，需要在增加和限制之间进行合理平衡。

（一）增加被害人参与认罪认罚案件的制度供给

从我国被害人参与认罪认罚的实践来看，最主要的矛盾是权利保障制度的不足与刑事被害人日益增加的法律需求之间的矛盾。2018 年《刑事诉讼法》规定了当事人的主体地位，但刑事法律制度被害人权利保障配套程序仍需要强化，当然需要注意的是，这种强化是对以往无视被害人权益的矫正，而不是简单内容的增加，因为公诉案件被害人不可能完全成为民事诉讼意义上的当事人，认罪认罚从宽程序中被害人参与应当是全程参与与有限参与相结合。

1. 重构被害人参与程序，确保参与规范。从法律层面正视和回应被害人的物质、精神诉求，在程序设计上予以适当倾斜。首先，明确赋予知情权，畅通信息获取渠道。一方面，书面告知被害人每个诉讼阶段的进展情况、犯罪人认罪认罚情况及适用程序；另一方面，明确告知被害人有参与量刑及提出量刑意见等诉讼权利。其次，在不影响认罪认罚从宽程序启动和终止的前提下，保障被害人影响陈述权和量刑参与权，对《刑事诉讼法》第一百七十三条第二款听取意见方式和要求进行细化，邀请参与量刑协商和庭审，保证被害人通过量刑参与陈述被害影响，抚慰心理创伤，协商的结果和陈述的内容作为检察机关量刑建议和法院判决的重要参考。最后，明确被害人享有上诉的权利和执行阶段的参与权，作为被害人对量刑不满意的及时救济。

2. 完善法律援助制度，确保参与有效。认罪认罚制度中，犯罪人拥有约见值班律师的权利，但法律却没有赋予被害人同样的权利。被害人在刑事诉讼中的诉求虽然由检察机关代为行使，但检察机关难以兼顾被害人的具体利益，加上被害人的非理性诉求表达需要专业力量的引导和帮助，为了让被害人正确表达量刑意见，有必要在认罪认罚从宽

① 张明楷：《论影响责任刑的情节》，载《清华法学》2015 年第 2 期。

② 汪建成：《论刑事诉讼中的利益观》，载《中国法学》2000 年第 2 期。

案件中赋予被害人法律帮助权，建立完善法律援助制度，由援助律师协助收集量刑证据、参与答辩、提出具体量刑意见等。当然，这种法律援助不应该局限于经济困难的情形，对经济困难的，被害人死亡的，或被害人为未成年人的、盲聋哑残疾人的，都应该纳入被害人法律援助的范围，由有义务的法律援助律师帮助其参与量刑程序中。[①]

（二）设定被害人在刑事诉讼中的国家救济

被害人的角度来看，刑罚的实现只是满足报应诉求，而对于现实生活来讲，经济损失的恢复或许更具有实质意义。[②] 被害人的补偿权是被害人的一项基本人权，可以设置包括犯罪损害赔偿和国家补偿相结合的救助体系。2015 年中央政法委、财政部、最高人民法院、最高人民检察院、公安部、司法部联合出台《关于建立完善国家司法救助制度的意见（试行）》和最高人民检察院 2016 年发布的《人民检察院国家司法救助工作细则（试行）》，基本完成了检察环节刑事被害人救助体系的建构，可以作为国家补偿制度正式建立之前的过渡性制度安排。国家补偿是在犯罪人的第一责任缺失情况下的替代性救济措施，目标是保障因犯罪行为处于困境的被害人基本的生存条件。有效的国家补偿制度可以帮助有困难的被害人走出由于犯罪侵害所导致的经济困境，减少被害一方对于犯罪人赔偿的依赖，降低经济因素对量刑的影响，引导双方关注的重点从物质利益赔偿、补偿转移到社会关系的修复，促进社会治理。

（三）设定被害人参与量刑的限度

刑事诉讼格局中，为了保持控辩双方平衡，不能让任何一方处于特别明显的优势地位，需要将被害人对法律适用的影响控制在一定限度内。[③] 因此，被害人的意见需要在刑事司法理性下限制和疏导，并进行区别对待。一方面，对于认罪认罚案件，被害人谅解不能违背法治原则，导致从宽幅度过大。司法机关应注重审查悔罪的表现，赔偿不等于悔悟，把赔偿、谅解作为额外因素，取得被害人谅解的，注重关注被告人是否真诚悔罪，是否具有人身危险性。另一方面，不能因为满足被害人的报复情绪而加重犯罪人的刑罚，如果刑事司法程序中一味满足被害人，则陷入传统同态复仇的阶段。《2019 年指导意见》第十八条、2020 年《人民检察院刑事诉讼规则》第二百七十六条均作出了被害人赔偿请求明显不合理，未能达成和解或者调解协议的，一般不影响对犯罪嫌疑人从宽处理的导向规定。对于被害人"只求重判、不求赔偿"或漫天要价的案件，应把握认罪悔罪才是"认罚"的根本，在认可犯罪人悔罪态度的基础上，即使未取得被害人谅解，也可对其适用认罪认罚从宽制度。[④] 司法机关尤其是拥有最终裁决权的法院可以理解被害人的复仇愿望，但适用刑罚要结合犯罪人对其造成的伤害以及犯罪人自身的状况，不能脱离犯罪行

---

① 代娟：《从旁观者到参与者——刑事被害人量刑参与程序建构》，载《兰州学刊》2016 年第 12 期。

② 秦策：《恢复性正义理念下的被害人权利保护》，载《法制现代化研究》2009 年春季卷。

③ 李站阳、闫振东：《认罪认罚从宽中的被害人权益保护》，载《中国检察官》2020 年 3 月上。

④ 黄艾婧：《两岸比较视野下认罪认罚从宽制度中的被害人保护》，载《人民检察》2019 年第 14 期。

为和犯罪人本身,而将被害人的个人情绪作为加重刑事处罚的缘由。在考量被害人量刑意见时不能对无法获得谅解的犯罪人“一刀切”地不适用缓刑,而是应针对不同情形予以区别对待:对于犯罪人认罪悔罪态度一般、赔偿数额较少且确实对被害人造成无法弥补的情感伤痛的而不予谅解的,可以不予适用缓刑;而对于犯罪人认罪悔罪态度较好积极赔偿被害人经济损失积极争取被害人谅解的,如果被害人坚决不接受赔偿的,可以设立提存制度,将赔偿款提存在法院,由法院暂时保管,被害人仍然不予谅解的,可以考虑给犯罪人适用缓刑。

“部分篡改型”虚假诉讼的可罚性与司法修正

张　涛　卢　静*

摘要:司法实践中,“部分篡改型”虚假诉讼出罪纷争萦绕理论与实务,面临“捏造”与否、民刑衔接、罪数与处断等诸多问题。从应然角度,“部分篡改型”虚假诉讼侵害司法过程的纯洁性,妨害司法秩序,严重侵害他人合法权益,具有刑事可罚性。从实然角度,对“部分篡改型”民事法律关系应坚持刑事实质判断,将捏造优先权、可分之诉中篡改部分诉讼标的等行为界定为虚假诉讼。对以非法占有或者逃避合法债务为目的的“部分篡改型”虚假诉讼以诈骗等犯罪处断,通过司法修正推动立法上的犯罪化彻底解决。

关键词:部分篡改型　虚假诉讼　可罚性　司法修正

“部分篡改型”虚假诉讼,指行为人与他人存在特定的民事法律关系,为了达到不法目的,故意篡改民事法律关系部分内容并提起民事诉讼的行为。通常表现为民事纠纷客观存在,行为人出于不法目的,故意篡改部分事实,如对具体数额、期限等事实作夸大、隐瞒或虚假陈述等行为。根据《刑法》第三百零七条之一的规定,“无中生有型”虚假诉讼可依法认定为虚假诉讼罪。然而,对于“部分篡改型”虚假诉讼如何定性处理,纷争始终萦绕理论与实务。司法实践中,“部分篡改型”虚假诉讼同样侵害司法过程的纯洁性,妨害司法秩序,对他人合法权益的侵害可能更甚。面对刑民法律关系交织的“部分篡改型”虚假诉讼,民事规制措施先天乏力,刑事责难缺位。有司法人员坦言:“鲜有办得了的虚假诉讼,只有不会辩解的行为人”,“部分篡改型”抗辩对司法实务的负面冲击可窥一斑,亟须引起法学理论界和司法机关的关注。

* 张涛,江苏省沭阳县人民检察院员额检察官;卢静,江苏省沭阳县人民法院法官。

一、"部分篡改型"虚假诉讼的刑事规制障碍

(一)"部分篡改"能否认定"捏造"

虚假诉讼罪罪状表述为:"以捏造的事实提起民事诉讼,妨害司法秩序或者严重侵害他人合法权益的……"虚假诉讼罪的行为方式,刑法理论上存在两种观点。"狭义说"根据刑法教义学分析,"捏造"指无中生有、凭空捏造和虚构,虚假诉讼罪限于"无中生有型"虚假诉讼行为。① 即行为人与他人之间不存在民事法律关系和民事纠纷,为达到非法目的,凭空捏造民事法律关系和民事纠纷并提起民事诉讼的行为。"广义说"认为,"捏造的事实"既包括捏造全部虚假事实(虚构民事法律关系),也包括在客观存在民事纠纷的情况下捏造部分虚假事实。对于行为人与他人存在真实的民事法律关系,采取伪造证据、虚假陈述等手段篡改部分案件事实,骗取人民法院裁判文书的"部分篡改型"虚假诉讼,亦成立虚假诉讼罪。② 司法实践中,《最高人民法院、最高人民检察院关于办理虚假诉讼刑事案件适用法律若干问题的解释》(以下简称《解释》)明确将虚假诉讼犯罪限定为"无中生有型"虚假诉讼行为,对于民事法律关系和民事纠纷客观存在,行为人只是对具体诉讼标的额、履行方式等部分事实作夸大或者隐瞒的行为,不属于《刑法》规定的虚假诉讼罪范畴。由此可见,"部分篡改型"虚假诉讼刑事非难的核心在于能否认定"捏造",理论自洽面临司法障碍。

(二)"部分篡改型"民事法律关系刑民界分缺乏客观标准

诉权是法律赋予当事人的基本权利,刑法增设虚假诉讼罪,惩治不具有合法诉权的行为人故意捏造事实,制造自己具有诉权的假象,意图骗取法院裁判文书、达到非法目的的行为。《民事诉讼法》第一百一十二条、第一百一十三条对恶意诉讼进行界定并施以罚款、拘留等民事制裁。构成犯罪的,依法追究刑事责任,形成司法处罚和刑事惩罚层次递进关系,避免造成犯罪行为大面积侵占、妨害民事诉讼违法行为的局面。然而,恶意诉讼在犯罪转承方面尚需刑事立法予以回应。③ 司法实践中,部分篡改型虚假诉讼行为人依法享有诉权,部分篡改行为的实施方式各不相同,行为人对案件事实的篡改程度亦存差异,在起诉时或者民事诉讼过程中伪造部分证据,有的是对法律规定理解不当,有的是出于诉讼策略考虑,有的是以非法占有他人财产等不法目的,如果将部分篡改行为纳入虚假诉讼罪,由于篡改手段的多元性和行为性质的复杂性,如何合理确定罪与非罪的判断标准,司法实践中恐难以操作。譬如,《解释》将"与被执行人恶意串通,捏造对查封、扣押、冻结财产的优先权的"行为认定为捏造事实的虚假诉讼犯罪。优先权以对被执行人享有普通债权为前提,实质是民事法律关系客观存在的部分篡改行为,此番突破的实践

① 李翔:《虚假诉讼罪的法教义学分析》,载《法学》2016 年第 6 期。

② 张明楷:《虚假诉讼罪的基本问题》,载《法学》2017 年第 1 期。

③ 卢建平、任江海:《虚假诉讼的定罪问题探究——以 2012 年〈民事诉讼法〉修正案为视角》,载《政治与法律》2012 年第 11 期。

空间仍待明确。再如，基于诉的可分性，普通共同诉讼争议的诉讼标的是同种类的，若行为人以多个诉讼标的向法院提起民事诉讼，仅对其中部分诉讼标的进行捏造，可否就该部分诉讼标的对应的民事法律关系认定为虚假诉讼罪，还是得以部分篡改抗辩而整体出罪。综上可见，民事法律关系性质的界定也折射出虚假诉讼犯罪中民刑衔接与转承缺乏客观标准。

（三）“部分篡改型”虚假诉讼罪数问题

罪刑法定原则要求法无明文规定不无罪、法无明文规定不处罚。对不属于刑法明文规定的行为，即便法益侵害再严重，也不可能科处刑罚，牵及刑法漏洞问题。[①] 司法实践中，以非法占有他人财产或者逃避合法债务为目的“部分篡改型”虚假诉讼能否构成诈骗，职务侵占，拒不执行判决、裁定等犯罪？2002 年最高人民检察院研究室《关于通过伪造证据骗取法院民事裁判占有他人财物的行为如何适用法律问题的答复》（以下简称《2002 年最高检答复》）规定，以非法占有为目的，通过伪造证据骗取法院民事裁判占有他人财物的行为所侵害的主要是人民法院正常的审判活动，可以由人民法院依照民事诉讼法的有关规定作出处理，不宜以诈骗罪追究行为人的刑事责任。如果行为人伪造证据时，实施了伪造公司、企业、事业单位、人民团体印章的行为，构成犯罪的，以伪造公司、企业、事业单位、人民团体印章罪追究刑事责任；如果行为人有指使他人作伪证行为，构成犯罪的，以妨害作证罪追究刑事责任。2006 年最高人民法院研究室《关于伪造证据通过诉讼获取他人财物的行为如何适用法律问题的批复》（以下简称《2006 年最高法批复》）明确审理此类案件时参酌适用《2002 年最高检答复》。《刑法修正案（九）》增设虚假诉讼罪，上述效力仅及于“部分篡改型”虚假诉讼。[②]《解释》第七条明确，采取伪造证据等手段篡改案件事实，骗取人民法院裁判文书，不构成虚假诉讼罪；构成其他犯罪的，可以伪造公司、企业、事业单位、人民团体印章罪或者妨害作证罪等追究刑事责任。然而，该规定从行为层面将“部分篡改型”虚假诉讼的手段行为机械剥离进行刑法评价，忽视对虚假诉讼行为本质的考量，未能全面和准确评价。责任方面，忽略了“部分篡改型”虚假诉讼可能具有的非法占有他人财产者逃避合法债务的主观内容，违背主客观相统一原则。

二、“部分篡改型”虚假诉讼的可罚性与司法修正

随着虚假诉讼愈演愈烈，“部分篡改型”虚假诉讼裹挟着“套路贷”等犯罪不断演变。民事制裁有效避免了犯罪行为大面积侵占妨害民事诉讼违法行为，但规制效果先天乏力，部分篡改型虚假诉讼的刑事豁免饱受理论与实务诟病，面对实质可罚的违法性，呼吁

---

① 张明楷：《实质解释论的再提倡》，载《中国法学》2010 年第 4 期。

② 缐杰：《〈关于办理虚假诉讼刑事案件适用法律若干问题的解释〉重点难点解读》，载《检察日报》2018 年 9 月 27 日第 3 版。

我们在不违反罪刑法定原则的前提下,尽可能地将该当犯罪的部分篡改型虚假诉讼行为合理地解释为犯罪,对司法实务进行必要修正,希冀推动立法上的犯罪化彻底解决。

（一）"部分篡改型"虚假诉讼具备可罚性

犯罪的实体是违法与责任。实质解释论强调从实质上判断是否存在值得科处刑罚的违法性与有责性,或者说须从处罚的合理性与必要性来解释构成要件。[①] 从对法益的侵害或威胁来讲,"部分篡改型"虚假诉讼同样侵害司法过程的纯洁性,因而妨害了司法秩序。就对他人合法权益造成或者可能造成的侵害而言,根本不能断言"部分篡改型"虚假诉讼轻于凭空捏造的虚假诉讼。例如,甲伪造乙撰写的 10 万元借据向法院提起民事诉讼,导致法官作出乙向甲归还 10 万元欠款的裁判结论。反之,甲将 10 万元借款金额篡改为 100 万元向法院提起民事诉讼,可能导致法官判决并使乙遭受 90 万元的财产损失。显然,部分篡改的虚假诉讼可能导致他人财产遭受更为严重的损失。因而,就法益侵害而言,"部分篡改型"虚假诉讼具备刑事处罚的合理性与必要性。此外,有论者认为,我国《刑法》关于诬告陷害罪、诽谤罪等条文均使用"捏造",理论与实践通说将条文中的"捏造"解释为对相关事实无中生有的行为。根据体系解释原则,虚假诉讼罪的"捏造",原则上也应限定为无中生有、凭空虚构。[②] 然而,按照刑法理论的通说,妨害作证罪,帮助毁灭、伪造证据罪适用于刑事、民事、行政等一切诉讼当中,在民事诉讼中指使他人就部分案情作伪证的行为成立妨害作证罪;帮助民事诉讼中的当事人伪造部分证据的成立帮助伪造证据罪。[③] "部分篡改型"虚假诉讼不仅伪造证据,而且主动"提起"民事诉讼,明显重于妨害作证罪、帮助毁灭、伪造证据罪单纯在民事诉讼中作伪证或者帮助当事人伪造证据的行为。由此,我们有理由从实务视角审视虚假诉讼罪"捏造"要素的解释合理性与可能,不应当将"捏造的事实"限定为"故意编造事实、虚构民事法律关系",不管是全部捏造的虚假诉讼,还是部分篡改的虚假诉讼,都可能成立虚假诉讼罪。

（二）部分篡改民事法律关系应坚持实质判断

司法实践中,虚假诉讼的法律规制必须遵循罪刑法定原则,正如罗克辛(C. Roxin)教授所言:"正确的解释,必须永远同时符合法律的文言与法律的目的,仅仅满足其中一个标准是不够的。"[④]部分篡改的虚假诉讼民刑法律关系交织,对篡改民事法律关系行为应坚持刑事实质判断,既不能不当限缩规制对象,也不可盲目扩大打击范围,正确理解虚假诉讼罪"无中生有"的内涵,实现刑法的法益保护机能。

第一,将普通债权捏造为优先权当属虚假诉讼。优先权是民事法律基于特殊政策性

① 张明楷:《以违法与责任为支柱构建犯罪论体系》,载《现代法学》2009 年第 6 期。

② 周峰、汪斌、李加玺:《〈关于办理虚假诉讼刑事案件适用法律若干问题的解释〉的理解与适用》,载《人民司法》2019 年第 4 期。

③ 高铭暄、马克昌主编:《刑法学》(第 7 版),北京大学出版社、高等教育出版社 2016 年版,第 555 页。

④ Claus Roxin, Strafrecht Allgemeiner Teil, Band I, 4. Aufl., C. H. Beck 2006, S. 15.

考虑而赋予某些特种债权或其他权利的一种特殊效力，以保障该项权利能够较之普通债权而优先实现。优先权散见于多部民商事法律，如《合同法》中的建筑工程价款优先受偿权、《企业破产法》关于破产企业职工工资优先受偿权，等等。《解释》将与被执行人恶意串通，捏造对查封、扣押、冻结财产的优先权认定为捏造事实。捏造优先权肯定了与被执行人之间民事法律关系客观存在，行为人在对他人仅享有普通债权的情况下，为达到优先受偿的目的，采用伪造证据等手段将普通债权捏造成优先权，《解释》基于捏造优先权从根本上改变了债权债务关系的性质，认定为捏造民事法律关系。实践中，应当比照该规定，将此类部分篡改行为性质界定为虚假诉讼罪。

第二，可分之诉中篡改部分诉讼标的行为属于虚假诉讼。《刑法》增设虚假诉讼罪的目的，旨在规制诉的虚假性。民事诉讼存在可分之诉与不可分之诉，普通共同诉讼作为典型的可分之诉，争议的诉讼标的种类相同，无论作为共同诉讼合并审理，还是作为独立诉讼分别审理，均需作出确认各自民事权利义务的裁判；必要共同诉讼作为典型的不可分之诉，当事人之间具有共同的诉讼标的，基于同一请求权须对虚假诉讼行为进行整体判断，审查是否属于捏造民事法律关系。例如，甲欠乙 10 万元并出具借条，另出具一张 10 万元还款保证条，后乙持两张借条同时向法院提起民事诉讼。本案即属可分之诉，每张借条承载的债权债务关系可以独立进行法律评价，若对于 10 万元还款保证条提起民事诉讼的行为属于“无中生有”捏造民事法律关系，应当认定虚假诉讼罪。因而，可分之诉中，诉讼标的虽属同一种类，但需对涉及的多个诉讼标的及其对应的民事法律关系分别判断，行为人仅对部分诉讼标的进行捏造，可以就该部分行为认定为“无中生有”捏造民事法律关系，定性虚假诉讼罪。①

（三）“部分篡改型”虚假诉讼可依法认定为其他

根据《解释》的规定，行为人以非法占有他人财产或者逃避合法债务为目的实施虚假诉讼犯罪行为，达到诈骗罪，职务侵占罪，拒不执行判决、裁定罪，贪污罪等犯罪标准的，依照处罚较重的规定定罪从重处罚。司法实践中，以非法占有他人财产或者逃避合法债务为目的的“部分篡改型”虚假诉讼频发，倘若皆因部分篡改抗辩而不构成虚假诉讼罪，必然忽略行为人责任层面所具有的不法目的，可能导致放纵犯罪。举例来讲，甲将 10 万元借款金额篡改为 100 万元向法院提起民事诉讼，骗取法院裁判继而占有乙 90 万元。倘若仅认定“部分篡改型”法律关系，是对《2002 年最高检答复》的机械适用，不足以全面和准确评价。行为人实则通过篡改证据骗取法院民事裁判，意图占有他人财物。《解释》在将篡改案件事实骗取法院裁判文书排除在虚假诉讼犯罪之际，并未排除该类行为的不法目的。因而，对于具有非法占有他人财产、逃避合法债务目的的“部分篡改型”虚假诉讼，以诈骗罪，职务侵占罪，拒不执行判决、裁定罪，贪污罪等论处，不会造成对罪刑法定原则

---

① 周峰、李加玺：《虚假诉讼罪具体适用中的两个问题》，载《人民法院报》2019 年 9 月 12 日。

的冲击和破坏,是目前司法站在功利主义和社会本位立场上的必要选择,是两害权衡取其轻的结果。当然,对于部分篡改型虚假诉讼行为最终还需要通过立法上的犯罪化来彻底解决。①

反之,对于不具有非法占有他人财产或者逃避合法债务目的"部分篡改型"虚假诉讼,手段行为构成犯罪的,可参酌适用《2002 年最高检答复》《2006 年最高法批复》进行认定。行为人在实施篡改型虚假诉讼行为过程中,若伪造证据时伪造了某单位的印章或者行为人有指使他人作伪证的行为,依照《刑法》第二百八十条、第三百零七条等规定以伪造公司、企业、事业单位、人民团体印章罪,妨害作证罪等犯罪定罪处罚。

① 李翔、黄京平:《论诉讼欺诈的可罚性及其立法完善》,载《云南大学学报》2004 年第 6 期。

土地行政检察监督类案实务研究

——以无锡地区为样本

江苏省无锡市人民检察院课题组*

摘要：土地行政检察监督工作是检察机关开展行政公益诉讼工作的一个重点领域，办案实践中，土地行政检察监督类案件类型多、涉及面广、专业性强、法律知识庞杂，及时了解掌握此类案件的办理方法成为当务之急。以无锡地区案例为样本，梳理土地行政检察监督常见案件类型，提出不同的可行性解决方案，以提升检察机关办理此类案件的能力和水平。

关键词：土地行政检察　权力清单　案件线索　案件类型

根据第十二届全国人大常委会第二十八次会议对我国《行政诉讼法》进行修改的决定，国有土地使用权出让和资源保护是检察机关开展行政公益诉讼工作的重点领域，因此，土地管理部门（以下简称土管部门）对破坏耕地、非法占地、污染土地、闲置土地等违法行为是否依法履行监管职责、对国有土地使用权是否依法办理出让手续等都属于行政检察监督工作范围。无锡市检察机关自检察公益诉讼试点工作开展以来，近些年来共办理了数十件土地类行政公益诉讼案件，从类型来看，这些案件几乎涵盖了所有土地行政检察监督案件的范围。本文依托无锡市办案情况，对如何办理土地行政检察监督案件展开分析研究，以期更好推动此类案件的办理。

一、土管部门权力清单

目前，权力清单制度已在我国各省、自治区、直辖市的地方政府得以普遍推广。“权

---

* 课题负责人：无锡市人民检察院副检察长张媛；课题组成员：无锡市人民检察院第五检察部主任张志钢，无锡市人民检察院检察官雷呈学，无锡市人民检察院检察官助理孔良培。本文系国家检察官学院2019年度科研基金项目研究成果（课题编号：GJY2019C05）。

力清单就是对于各级政府及其各个部门权力的数量、种类、运行程序、适用条件、行使边界等予以详细统计,形成目录清单,为权力划定清晰界限。"①检察机关督促土管部门履行职责应当首先掌握土管部门究竟有哪些职权,这样才能做到精准履职,不出差错。经过梳理,土管部门的职权分为以下六类:

(1)行政许可类,是指土地使用权许可审核,比如公开出让、建设项目用地预审等事项的许可。

(2)行政处罚类,此类职权数量较多,有二十多项,是指对破坏耕地、非法占地等各种违法行为所作的处罚。

(3)行政强制类,是指对违法建筑物、构筑物责令拆除或责令限期拆除。

(4)行政征收类,是指对土地出让金、土地闲置费、耕地开垦费、土地复垦费等费用的征缴。

(5)行政确认类,是指对土地权属进行登记,需要注意的是,在行政确认里面,土管部门仅是代为行使政府的职责,最终的确权必须以政府的名义作出决定。

(6)行政裁决类,是指对土地权属争议进行裁决。

土管部门的权力清单要根据土地管理类法律、法规、规章以及各地制定的相关规范性文件来确定,因地域原因,各地土管部门的具体职责可能有所差异,办案中可向当地的编制机构查询土管部门的权力清单。

二、如何摸排线索

实践中,如何发现线索往往是办案部门最为头疼的问题之一,正所谓"巧妇难为无米之炊",总结下来,土地行政类检察监督案件线索的来源主要有以下六个渠道:

(一)通过检察机关办理的民事、行政诉讼监督案件发现线索

主要集中在以下几类案件中:

(1)土地、房屋租赁合同纠纷案件。这类案件可重点关注涉案土地和房屋在用途上有没有违反规划,可能会出现规划是工厂,现场却是商场,规划是农田,现场却是鱼塘等情形。

(2)土地使用权转让、确权及抵押的案件。这类案件可重点关注涉案土地有无闲置、有无按期开工建设、土地用途是否符合规划、土地出让金有无按期足额缴纳等。

(3)建设工程施工合同纠纷案件。这类案件可重点关注工程所使用的土地是否为建设用地、有无依法经过审批、有无按期开工等。

(4)房屋买卖纠纷案件。这类案件可重点关注房屋用地手续是否合法、没有按期交

---

① 程文浩:《国家治理过程的"可视化"如何实现——权力清单制度的内涵、意义和推进策略》,载《人民论坛·学术前沿》2014 年第 9 期。

房是否与开发商没有按期开发有关联等。

(二)通过检察机关办理的刑事案件发现线索

可重点关注以下两类刑事案件:

(1)土管部门工作人员受贿、渎职案。例如,受贿后不依法征收土地闲置费、受贿后违法登记等。

(2)破坏耕地、毁坏林地类案件。这类案件中的违法行为人虽然已经被判处刑罚,但土管部门仍有义务责令其恢复被毁损的土地。

(三)从群众的举报投诉中发现线索

控告申诉部门受理的举报投诉中可能有涉及非法占地、破坏耕地等线索,可对这些线索作进一步核实,筛选出符合立案条件的线索。

(四)通过实地调查发现线索

可以通过互联网上公开的卫星地图查询当地的土地状况,互联网上卫星地图的更新均具有滞后性,一般是一两年前的情况,如果卫星地图上显示某一建设地块为空地,就可以到现场调查当前土地有无得到开发利用,如果还未动工,就说明土地很可能被闲置,为提高效率,勘查现场时可使用无人机拍摄的方式进行取证。

(五)从土管部门公布的案件中发现线索

根据《政府信息公开条例》的规定,土管部门会将一些行政执法案件信息在门户网站上公布,可以对公布的案件逐案分析,查找问题。

(六)向土管部门调取国家土地监察局下发的违法用地清单

国家土地监察局通过卫星图片发现各地违法用地的情况后,会将清单发送给各地土管部门,检察机关可依职权调取这份清单来发现案件线索。

三、常见案件类型

经过对无锡市办案数据的梳理,常见的土地行政检察监督案件类型主要有以下五种:一是耕地保护案件,二是非法占地案件,三是非法改变土地用途案件,四是不依法出让国有土地使用权案件,五是不依法处置闲置土地案件。下面结合案例逐个展开探讨:

(一)耕地保护案件

案例:位于无锡市滨湖区的一处占地1400多平方米的耕地被人长期堆放废品和垃圾,导致耕地受到破坏。无锡市滨湖区人民检察院针对该案违法情形向辖区土管部门发出诉前检察建议,督促其依法履职。土管部门收到检察建议后立即采取措施恢复土地原貌并依法处罚了违法行为人。

这是一个典型的非法占用、破坏耕地的案件。耕地是经过人类劳动开发耕种的土地,是土地的精华,是我们的“生命线”。人类消费的部分物质和95%以上的蛋白质从土地获得,其中80%以上的热量和75%以上的蛋白质来源于耕地提供的粮食。因此,一个

国家人均耕地的多少与好坏对国家的社会经济发展有着重要影响。[①] 办案实践中,不依法保护耕地主要有以下七种情形:

(1)破坏耕地种植条件。主要表现为占用耕地建窑、建坟、建房、挖砂、取土等,这些行为均被法律明令禁止。[②]

(2)非法占用永久基本农田搞副业。我国各省、自治区、直辖市的耕地中一般 80% 以上都属于永久基本农田,国家也严格划定了永久基本农田保护范围,但现实生活中,一些永久基本农田被用于种果树、搞水产养殖等。我国《基本农田保护条例》明确禁止占用基本农田发展林果业和挖塘养鱼,禁止占用基本农田作为设施农用地使用。[③]

(3)没有履行耕地开垦义务。非农业建设占用耕地必须要经过批准,并按照"占多少,垦多少"也就是占补平衡的原则,由占用耕地的单位负责开垦与所占用耕地的数量和质量相当的耕地;没有条件开垦或者开垦的耕地不符合要求的,应当按照省、自治区、直辖市的规定缴纳耕地开垦费,专款用于开垦新的耕地,新开垦的耕地必须达到验收标准。[④]

(4)错划永久基本农田。根据我国《水土保持法》的规定,坡度大于 25°的山地,不能开垦种植,[⑤]水面自然也不能划为基本农田,但个别地区为了完成永久基本农田指标任务,把水面和坡度大于 25°的山地也划入了永久基本农田的范围。

(5)不设置永久基本农田保护标志。永久基本农田保护区应当设置标志,但有些地方没有按照规定设置标志或者标志遭到破坏后未及时修复。

(6)污染永久基本农田。一些企业和个人违法生产经营导致周边永久基本农田受到污染,污染发生后,污染结果未能得到及时消除。

(7)不依法征收耕地。征收永久基本农田和三十五公顷以上的其他耕地必须经过国务院批准,征收三十五公顷以下的其他耕地要经过由省、自治区、直辖市人民政府批准,但个别地方存在违法征收耕地的情形。

针对以上违法情形,土管部门应当从以下四个方面履行职责:

首先,对破坏耕地和永久基本农田,土管部门应当责令限期改正或者治理,恢复原种植条件,可以并处罚款,构成犯罪的,依法追究刑事责任。耕作层遭到破坏的,违法行为人要依法进行复垦或缴纳复垦费,复垦结束后,土管部门要组织验收,拒不履行土地复垦义务的,土管部门要责令限期改正,逾期不改正的,责令缴纳复垦费,可以处以罚款。这里需要注意两个问题:一是耕作层是否遭到破坏要由土管部门进行鉴定;二是土管部门

---

① 应永宏:《论耕地的法律保护》,载《现代法学》2000 年第 1 期。

② 《土地管理法》第三十七条第二款。

③ 《基本农田保护条例》第十七条。

④ 《土地管理法》第三十条。

⑤ 《水土保持法》第二十条。

不能以破坏耕地的违法行为人已经受到刑罚制裁为由免除其复垦义务。

其次,对经批准占用耕地和基本农田的,土管部门要按照省、自治区、直辖市人民政府制定的开垦耕地计划,监督占用耕地的单位按照计划开垦耕地或者按照计划组织开垦耕地并组织验收。

再次,对错划基本农田的,土管部门要及时开垦土地进行补充。对破坏或者擅自改变永久基本农田保护区标志的,土管部门应责令恢复原状,还可处一千元以下罚款。

最后,对无权审批、越权审批征收耕地的,其批准文件无效,土管部门要按照非法占用耕地的性质进行处理。

(二)非法占地案件

案例:无锡市惠山区某房地产开发商在开发某别墅小区的过程中从当地村民手中租赁了一些紧邻别墅的农用地,并在交房时将这些农用地分别委托给购房的别墅业主用于种植蔬菜,一些别墅的业主在未经审批的情况下,擅自指使装修工人在菜地上搭建假山水池、楼台亭阁等景观建筑。无锡市惠山区人民检察院收到群众举报后向土管部门和城管部门分别发出诉前检察建议,督促两部门针对购房者非法占地、违法搭建的行为履行监管职责,两部门收到检察建议后,在当地镇政府的协调配合下,组织人员和设备将非法搭建的建筑物和设施全部予以拆除,恢复了土地原貌。

这是一个典型的非法占地案。我国的土地根据用途分为农用地、建设用地和未利用地。非法占地指的是没有经过审批而占用土地搞建设,实践中较为常见的是非法占用农用地用于道路、房屋、广场等建设活动、未办延期手续超期续占临时用地以及在临时用地上建造永久建筑物等情形。

土管部门对非法占地行为的监管分为四个层面:(1)所有非法占地,土管部门都要责令退还;(2)违反土地利用总体规划擅自将农用地改为建设用地的,由土管部门责令限期拆除,恢复土地原状;(3)对于符合土地利用总体规划的,由土管部门没收新建的建筑物和其他设施,可以并处罚款;(4)对非法占地单位的责任人,给予行政处分,构成犯罪的,依法追究刑事责任。在实际执法过程中,由于土管部门没有强制执行权,可能会出现违法行为人拒绝退还土地、拒绝拆除建筑物的情况,这时要区分情况分别处理:乡镇规划区内,由乡镇政府负责组织拆除相关建筑;城市规划区内,由城管部门负责强制执行;其余非法占地行为,由土管部门申请人民法院强制执行。

(三)非法改变土地用途案件

案例:江阴市某国际交流中心占地面积38,400多平方米,产权属于某科技公司,2006年4月,土管部门以出让的方式将这块土地交付给该公司使用,合同约定的土地用途为教育用地,但该交流中心的1至5层实际用于经营餐饮、住宿等服务项目。江阴市人民检察院发现该案线索后依法启动了行政公益诉讼程序,土管部门收到检察建议后及时回函,依法采取措施并申请法院强制执行。

这是一起典型的非法改变土地用途的案例。在我国,土地用途管制制度是"国家或政府依据土地利用规划对土地的使用和土地用途的变更进行强制性干预的法律制度"。① 非法改变土地用途是指土地使用人未按照批准的用途使用土地,这类案件多发生在国有建设用地领域,主要有两种情形:一是低价取得土地使用权后按照高价地的用途进行开发建设,比如,把批准建设为生产车间的工业用地改为商业用地或住宅用地;二是把公共用地改为商业用地和住宅用地,比如,在公园里修建会所、饭店等商业设施。根据《土地管理法》的规定,改变土地用途必须持规划部门批准文件向土管部门申请变更登记,如果土地利用规划没有改,土管部门就应当收回土地使用权,如果规划修改了,就应当对土地出让金作相应调整。

(四)不依法出让国有土地使用权案件

案例:土管部门将无锡市锡山区一块面积为 14 余万平方米的国有土地使用权出让给了某投资公司,土地出让价款 3 亿 4000 多万元,土地用途为住宅和商业经营,后土地受让方调整为某房地产公司,经与土管部门补签合同,该房地产公司将建筑容积率从 <1.9 ~ 2.2 调整为 <2.2,建筑面积随之增加 4 万多平方米,根据这一调整,该房地产公司应当在补充合同签订后 3 个月内向土管部门补缴土地出让金 5000 多万元,但该房地产公司在三年多的时间里一直未补缴该笔土地出让金,也从未支付过违约金,土管部门除发送过两次催讨函外,未采取其他措施。无锡市锡山区人民检察院发现上述情况后依法启动了行政公益诉讼程序,向土管部门发出了诉前检察建议,建议及时收缴拖欠的土地出让金和违约金。收到检察建议后,土管部门及时回函,就拖欠的出让金和违约金申请仲裁并全部执行到位。

这是一起典型的不及时收取国有土地使用权出让金的案件。在国有土地使用权出让合同中,土地行政部门作为国家所有权的代表将土地使用权在一定年限内让与土地使用者,并由土地使用者向国家支付土地使用权出让金,同时土地行政部门又作为国家土地管理的行政机关,以行政主体的身份对合同的履行实施监督、对不履行或不适当履行合同义务的相对方进行制裁。② 国有土地使用权的出让共有两种方式:一种是采用招标、拍卖或者挂牌方式出让,在国有土地使用权出让计划公布后,当同一地块有两个或者两个以上意向者时,土管部门必须采用这种方式出让土地;另一种是采用协议方式出让,在国有土地使用权出让计划公布后,当同一地块只有一个意向者时,土管部门才可以采取协议方式出让,但商业、旅游、娱乐和商品住宅等经营性用地,无论什么情况下都不得采取协议出让的方式。当协议出让国有土地使用权时必须执行最低保护价制度,即出让金

---

① 刘俊:《土地所有权国家独占研究》,法律出版社 2008 年版,第 317 页。

② 崔兆在:《公私利益的平衡:国有土地使用权出让合同纠纷公法救济模式之构建》,载《行政法学研究》2014 年第 3 期。

不得低于按国家规定所确定的最低价,否则不得出让。最低价一般以当地市、县人民政府定期公布的基准地价为标准,不低于同级别土地基准地价的70%。

从这个案件中还可以看出,容积率的改变会引起土地出让金的调整,土地出让金即地价是根据基准地价、土地使用年限、容积率和土地用途这四个因素来决定,任何一个因素的变化都会引起地价的调整。土地使用权出让后,如果影响地价的因素出现变化,出让金就必须作出相应调整。

(五)不依法处置闲置土地案件

案例:土管部门将位于无锡市新吴区某占地面积2300多平方米的地块出让给了某公司,用途为商业金融用地,合同签订后,土管部门按约交付了土地,但该公司在未办理延期手续的情况下,四年多来一直未动工建设,土管部门亦未作出处理。无锡市新吴区人民检察院针对该案向土管部门发出了诉前检察建议,收到检察建议后,土管部门及时作出回函,承诺将采取措施尽快处置到位。

这是一个典型的土地闲置案件。土地闲置主要有以下四种情形:(1)土地使用权人超过土地使用权出让合同或者划拨决定书约定、规定的动工开发日期满一年未动工开发;(2)虽已动工开发,但开发建设面积占应动工开发建设总面积不足三分之一;(3)已投资额占总投资额不足百分之二十五;(4)中止开发建设满一年。

为了确保土地得到高效利用,也为了遏制不良开发商捂盘囤地,国家对闲置土地的行为规定了严厉的惩罚措施,特定情形下甚至可以无偿收回土地使用权。无偿收回闲置土地使用权决定将对行政相对人产生巨大的经济利益损失,如行政机关不考虑土地使用权人提出的合理免责理由,既侵害了行政相对人的合法权益,也不符合正当程序的要求。因此,查清土地闲置的原因是对闲置土地作出处理最关键的事实根据和前提。① 实践中,造成土地闲置的原因共有三种,分别是政府原因、企业原因以及政府企业混合原因。政府原因主要包括政府没有按期交地、政府改变土地利用规划、因军事管制、文物保护、群众信访无法动工等情形。政府企业混合原因导致土地闲置的情形在实践中较为少见,遇到此类案件应重点监督认定政府原因的理由能否成立。除上述两种原因外,造成土地闲置都属于企业原因。对于企业原因导致的土地闲置,未动工开发满一年的,土管部门应向土地使用权人下达《征缴土地闲置费决定书》,按照土地出让或者划拨价款的20%征缴土地闲置费;未动工开发满两年的,土管部门应向土地使用权人下达《收回国有建设用地使用权决定书》,无偿收回土地使用权。② 办案中还会遇到一种混合情形,即土地闲置满一年时土管部门未依法征缴土地闲置费,现土地闲置已满两年,此种情形应如何监督土管部门履职。笔者认为既要征缴土地闲置费,也要收回土地使用权,因为土地闲置满一

① 刘珍玲:《收回闲置土地应当审查是否具有法定免责事由》,载《人民司法》2013年第24期。

② 《闲置土地处置办法》(国土资源部令第53号)第十四条。

年时土地闲置费就应得到及时征缴，等到土地闲置满两年时就可以接着无偿收回土地使用权，如果仅因土地闲置满两年时土地使用权已被直接收回而不再征缴土地闲置费，就会造成国家财政收入的损失，进而损害了国家利益，故此种情形下土管部门既要征缴土地闲置费，也要收回土地使用权。

四、办案中的几个重点问题

以行政公益诉讼的方式开展行政检察监督工作是检察机关的一项崭新职能，因此，这项工作是一个全新的探索，在开展的过程中既要大胆探索，也要迈稳步伐。笔者认为，办案中应当注意把握以下五个方面的问题：

（一）正确把握立案标准

一要确保立案线索的公益性，查实是否属于公民、法人和其他社会组织由于没有直接利害关系，没有也无法提起诉讼的情形；二要注意管辖权问题，行政公益诉讼一般由违法行使职权或者不作为的行政机关所在地的基层人民检察院管辖，只有当行政机关是县级以上人民政府时，才由市级人民检察院管辖；三要注意起诉期限问题，目前法律并没有明确检察机关提起行政公益诉讼的起诉期限，行政诉讼法规定的起诉期限针对的是行政相对人，而检察机关是公益诉讼起诉人，笔者认为，可以参考民法学上的诉讼时效制度，从检察机关知道或者应当知道时起算，国家利益和社会公共利益持续处于受侵害状态的，不应受起诉期限的限制。

（二）及时开展调查取证工作

一要增强举证责任意识。虽然最高人民法院在《人民法院审理人民检察院提起公益诉讼案件试点工作实施办法》中规定，被告的行为造成国家和社会公共利益受到侵害的初步证明材料由人民检察院提交，但为了把案件办好办扎实，检察机关不能仅收集土管部门不依法履职的初步证据，应当全面收集证据，以备诉讼之需。二要尽可能到违法现场勘查取证。勘查现场时要利用技术手段对证据进行固定，并制作现场勘查笔录，必要时可以邀请相关机关、组织和人员进行见证。三要善于利用信息技术和科技装备获取证据。

（三）熟练掌握土地资源类法律知识

涉及土地资源的法律法规面广量大，土管部门还会发布一些行政规范性文件，这些都是土管部门履职的重要依据，每办理一个案件，都要全面收集相关规定，搞清法条的立法原意，划清法条之间的冲突，厘清行政权力的边界。

（四）把检察建议做成刚性

要确保诉前检察建议发送的对象正确，土管部门违法履职或不作为的事实和理由要表述清晰、有理有据，建议的内容要具体明确可操作。

（五）把握好起诉时机

土管部门收到检察建议后积极回应的，要及时跟进、监督土管部门是否履职到位，对土管部门不能在一个月内履职到位且能作出合理说明的，要给土管部门留足履职的时间，应当秉持“诉讼不是目的，维护公益才是目的”的办案理念，努力实现双赢、多赢、共赢的办案效果。

图书在版编目(CIP)数据

检察研究. 2020 年. 第 3 辑 / 江苏省人民检察院组织编写. -- 北京 : 法律出版社, 2020
ISBN 978-7-5197-4607-0

Ⅰ. ①检… Ⅱ. ①江… Ⅲ. ①检察机关-工作-中国-文集 Ⅳ. ①D926.3-53

中国版本图书馆 CIP 数据核字(2020)第 093873 号

《检察研究》2020 年第 3 辑
《JIANCHA YANJIU》2020 NIAN DI 3 JI

江苏省人民检察院 组织编写

责任编辑 许 睿
装帧设计 李 瞻

编辑统筹 司法实务出版分社
出版 法律出版社
开本 787 毫米×1092 毫米 1/16
总发行 中国法律图书有限公司
印张 7.5
经销 新华书店
字数 150 千
印刷 永清县金鑫印刷有限公司
版本 2020 年 9 月第 1 版
责任印制 胡晓雅
印次 2020 年 9 月第 1 次印刷

法律出版社/北京市丰台区莲花池西里 7 号(100073)
网址/www. lawpress. com. cn
投稿邮箱/info@ lawpress. com. cn
举报维权邮箱/jbwq@ lawpress. com. cn
销售热线/400-660-8393
咨询电话/010-63939796

中国法律图书有限公司/北京市丰台区莲花池西里 7 号(100073)
全国各地中法图分、子公司销售电话:
统一销售客服/400-660-8393/6393
第一法律书店/010-83938432/8433
西安分公司/029-85330678
重庆分公司/023-67453036
上海分公司/021-62071639/1636
深圳分公司/0755-83072995

书号:ISBN 978-7-5197-4607-0
定价:30.00 元
(如有缺页或倒装,中国法律图书有限公司负责退换)